JN438649

# 봄날은 가고
# 오네

김철규 에세이집

# 봄날은 가고 오네

수필과비평사

| 작가의 말 |

# 회한을 그리며

산 너머 산에는 행복이 기다리고 있을 것이다. 그러한 희망 속에서 오늘까지 인생의 질곡을 헤매면서, 세상살이의 시시비비를 가리며 정의와 자유를 갈구해왔는지 모르겠다. 80고개를 넘어가는 현실은 마치 저녁노을을 보는 마음뿐이다. 벼가 익어갈수록 고개를 숙이듯 인생도 마찬가지이다.

뒤늦은 깨달음은 성찰의 계기일 뿐만이 아니라 서툰 말씨를 가다듬어 매끈한 말씨로 만드는 심정으로 그동안 살아온 만사를 정리하는 계기라고 생각한다.

30여 년이 넘는 언론인 생활은 '논정필직'이라는 언론인의 사명을 다하는 과정에서 빚어진 사회적 문제, 정치인생 20여 년은 국민을 위한 위선이 없었는지 더듬어지며 문인생활 33여 년을 통해 발간한 12권의 책 속에는 미숙함의 전철은 없었는지에 대해 생각에 생각을 더욱 거듭하게 한다.

이번 발간하는 에세이집 《봄날은 가고 오네》는 자연의 순리와 섭리를 추구하는 국민의 마음을 담은 것이 내가 진정 바라는 참된 민주주의라고 정의하고 싶다. 이러한 민주주의가 '화사한 봄날처럼 꽃피우는 세상과 희망의 설렘이 윤회하는 즉 사람답게 사는 세상을 기대하는 마음'에서 정한 제목이다. 내 인생철학이고 소박한 가치관의 발로에서 살아온 마음을 담은 것이다.

그러나 수필, 시, 칼럼, 여행기 등 다양한 내용을 담았기에 부끄러운 줄 알면서도 독자들의 질정叱正을 기대한다. 알알이 엮어내는 사이 인생의 황혼에 접어들었다. 남은 여생은 책 속에 담아내는 한마디 한마디의 말이 독자들에게 감동을 주고 사회에 풀 한 포기만큼이라도 도움이 되는 글을 쓰려고 최선을 다할 것이다.

영글어가는 가을처럼.

내 고향은 섬이다
조약돌 벗 삼아
수평선 너머로 노을 지나면
행복무지개 바라보며
언론인, 정치인, 문인으로
80평생

신념 철학을 생명체로 살아왔다
머무르다 가는
구름처럼 바람처럼 살아왔다

2019년 9월 청암재에서
김 철 규

| 차례 |

## 제2부 산들바람처럼

## 제3부 봄날은 가고 오네

# 01

# 송림산의 멋

## 사랑을 주고 간 이희호 여사

역사를 선물하고 떠나신 이희호 여사
천신만고의 격랑을 헤쳐나간 여걸
한국 현대사의 중심에서
사랑과 화해 민주주의 화신化身의 주인공이다

지성의 대표적 여성인권운동가요 평화주의자는
하의도 섬 출신 김대중 선생과 평생 동반자가 된다
생명의 사선을 몇 번씩 넘나든 김대중 대통령
그와 함께한 인생여정은 대한민국 현대사를 엮은 국모

민주화운동의 동지로 사투를 겪으면서
남편 이전에 정치적 동지요 정신적 생명의 은인은

제16대 대한민국 대통령을 탄생시켰다
인동초의 다양한 보은 역할의 결실이다
뜨거운 국민의 애정과 사랑은 헛되지 않았다

2019년 6월 10일 11시 37분 향년 97세로 생을 마감한다
“하늘나라에 가서 국민을 위해
민족의 평화통일을 기도하겠다”는 이희호 여사
정부와 각계 시민 사회단체는 사회장으로 모셨다

정, 관, 재계, 시민 1만여 명의 조문객이 물결을 이루기도
북한 김정일 국방위원장도 조화와 조의문을 보내왔다
동생 김여정이 가져온 조의문은
“이희호 여사의 평화헌신은 남북관계에 소중한 밑거름”이라고
조의를 표명

한반도 민족사에 커다란 획을 그은 이희호 여사
현충원에는 더불어민주당, 자유한국당, 바른미래당, 정의당, 민주평화당 대표와 각계 인사 시민 2천여 명이 운집
고인의 마지막 가는 길에 애끓는 눈물로 영면을 빌었다

국민의 가슴에 민주주의, 평화, 사랑을 담아준 이희호 여사

동반자 김대중 대통령 현충원 묘소에 합장됐다
고문도 투옥도 없는 곳에서 평안히 누리소서
민주주의를 신봉하는 국민과 함께 영면의 길로

2019. 6. 15.

# 홍엽紅葉을 밟으며

가을비는 추적추적 내린다. 가을을 보내는 것이 서러워서 그런지, 아니면 살바람에 폭설이 쏟아질 겨울이 다가옴을 두려워해서 그런지 직지사 일주문부터 대웅전 앞까지의 도로는 홍엽으로 단장한 실크로드다. 비에 젖은 홍엽은 아무런 반응을 보이지 않는다. 그래도 치미 문드러지지 않을까 하여 몇 번이고 발밑을 보았다. 사랑하는 사람의 얼굴을 보는 만큼이나!

대웅전 부처님께 참배를 하고 나와 보니 비는 멈추고 화사한 오색 단풍은 손짓을 하며 기념사진을 찍으라는 신호를 계속 보낸다. 그러나 군산예술촌 동아리 문인 일행과 함께 문학기행을 왔기에 합동기념 촬영이 필요했다. 어느 누구도 직지사 경내 어느 곳을 가나 꽃 속의 주인공들이다. 마치 음력 10월 초하룻날이어서 절간의 고요함을 깨는 스님의 법문 소리와 목탁 소리는 마이크를 타고 메아리지고 있다.

30여 명의 일행은 끼리끼리, 단체 등 기념사진을 찍으며 자연과 어우러진 진풍경의 낙엽이 화두다. 사방에 둘러싸인 산은 구름의 자태로 장식되어 동양화 한 폭이다. 특히 박물관 옆길에 쏟아진 낙엽은 어느 소녀가 홍엽 한 잎을 주우려는 모습이 연상되어 발걸음이 멈춘다.

홍엽의 양탄자를 걸으면서 흰 구름이 산자락을 휘어감은 모습에 취해 비를 멈춰준 하늘을 보느라 시간 가는 줄을 깜빡했다. 뒤늦은 달음박질은 약속 장소인 일주문 앞에서 모두를 만날 수 있었다. 직지사에 인접해 있는 백수 정완영白水 鄭椀永문학관을 찾았다. 우리나라 시조시학에 권위자 중의 한 사람으로 자연과 아름다운 삶을 노래한 백수의 〈조국〉시를 새삼스레 바라보며 마지막 소절인 "청산아 왜 말이 없이 학처럼만 여위느냐"를 되새겼다.

1919–2016이란 긴 인생여정에서 생전인 2008년 국비, 도비, 시비 등 22억여 원으로 백수문학관을 세웠다는 설명에 아연했다. 군산의 채만식문학관이 떠올랐기 때문이다. 추적대던 비는 온데간데없어 낙엽과의 길동무를 삼아 걷는 순간 대학시절에 누군가와의 창경원 산책이 떠올랐다.

백수문학관과 이웃한 몽양 최석채 선생(1917–1991) 세계 언론자유영웅 50인 기념비도 보았다. 언론인 출신으로서 그냥 지나칠 수 없어 비문을 읽는가 하면 주변 환경을 돌아보지 않을 수 없었다. 현역당시 얼마만큼의 산 역사를 제대로 남겼는지를 생각하면서 발길을 돌렸다.

이번 가을의 동아리문학기행은 내 마음이 오색 중 하나인 홍엽에 젖은 까닭을 묻고 있다.

# 송림산의 멋

아름다운 송림산 앞가슴이 멋지다. 사색의 도가니인지, 화려한 연희장인지, 구분하기 어려운 봉강鳳崗의 뒷동산. 휘몰아치는 북풍한설 속에서 겨울잠을 보낸 진달래나무는 새 생명을 잉태하듯 화사한 연분홍 꽃은 만개한 자태를 보인다. 참으로 화려하다. 송림산이 물씬한 봄 내음으로 가득하다. 그 가운데 한 그루 흰 벚꽃나무의 만개한 흰 꽃 모습은 마치 홍일점이 아닌 청일점으로 보여 더욱 뽐내는 기개함을 보인다. 모두는 자연의 섭리작품이 아니겠는가.

고창군 상하면에 자리한 진陳씨 중시조 15대 종손인 진동규 시인(전 한국문인협회 부이사장) 본가의 뒷동산이다. 송림산 정상에서 바라보는 북쪽 한 면의 6만여 평에 자연과 인공으로 조성된 이곳은 진 시인의 고조부인 진휴년 선생이 1892년 봉강이라 이름 하여 지어진 집이 4대째 내려오고 있다. 진휴년 선생은 봉강에서 동학을 겪으면서 나라를 살리는 길이 교육임을 절감한 끝에 호남 최초로 사립인

동명학교를 설립, 운영해 오다 아들 진우곤 선생이 무장중학교를 설립, 초대 이사장 겸 교장을 역임하는 등 교육가와 정치가, 문화 예술인을 배출하는 가계도를 갖고 있다.

4월 1일 친구와 함께 봉강을 찾아 송림산에 올라 흐드러진 진달래꽃 속에서 자연의 아름다움을 만끽했다. 산에 오르며 크고 작은 돌로 술자리를 만들어 놓은 몇 군데를 보았다. 전주 술꾼이라고 자칭하는 진 시인답게 설계된 자리들이다. 어느 한 곳에는 양쪽에 큰 소나무 두 그루가 문지기인지 술 취한 소나무 친구인지 구분키 어려우나 한쪽의 소나무는 5m쯤 자란 뒤부터는 용틀임을 하는 모양새로, 그야말로 민주적으로 자란 모습이다. 우리는 만취한 상태라고 품평을 하기도 했다.

이곳에는 마가목, 싸리나무, 노린개나무, 동백, 진달래, 팥꽃나무, 구지봉, 천문동, 엄나무, 두릅나무, 아그배나무, 팥배나무, 모과나무, 송악, 쥐똥나무, 호랑가시나무, 흰벚꽃나무, 백송나무 등 수집종의 나무들이 4계절에 제 모습을 보여주고 있어 자연의 식물 동산이라 할 만큼 보배스러움을 지니고 있다. 특히 봉강 뒷산 입구에서부터 산 정상에 오르는 도로에는 양 옆에 가로수로 싸리나무를 심어 '싸리골'이라 이름을 붙여 놓았다. 진 시인의 작품이다. 전주에 생활터전이 있음에도 봉강 집을 수시로 찾아 봄철부터 가을까지 나무를 가꾸고 살피는 부지런함을 보이고 있다고 한다.

거저 만들어진 동산이 아님을 충분히 알 수 있었다. 또한 봉강에서는 삼시세끼 tvN 드라마 촬영지로도 유명하다. 전국에서 관광객이 지금도 하루면 몇 십 명씩이 찾아온다.

많을 때는 이삼백여 명에 이르기도 한다고 진 시인은 소개한다. 봉강 뒷동산 오르막에 오르면 〈송림산의 휘파람〉 진을주 시인(1927~2011)의 유고 작품 시비가 2013년 한국문단의 주요 인사들에 의해 세워졌다. 진을주 시인은 진휴년 선생의 증손자로 《지구문학》을 창간, 많은 시인 배출에 힘써왔다. 또한 진우곤 선생 아들 진환은 일본 유학으로 회화공부를 마치고 귀국, 홍익대학교 설립에 참여, 회화 교수로 재직하며 우리나라 회화의 선구자적 역할을 해온 화백으로 알려져 있다. 그래서 봉강 건립의 정신은 송림산 정기 아래 자연과 어우러지는 문화 예술은 물론, 진의종 국무총리 등 우리나라의 인물들을 배출시키고 있는 산실로서 정기가 흐르고 있다는 것이다.

오늘도 송림산 북향의 갖가지 꽃나무들은 새봄을 맞아 봉강 뒷동산 꽃 잔치 준비가 한창이다. 봉강 대문 앞에 1백 년이 넘는 두 그루의 동백나무는 꽃이 만개의 고개를 넘어가며 우리의 방문환영과 헤어짐의 아쉬운 인사를 나누는 잔영이 어른거린다.

2018. 4.

# 춤추는 억새

가을바람에 억새가 춤춘다. 잠자리는 앉을 자리를 찾느라 맴돈다. 석양에 다가서는 은빛 옷을 입은 바다는 출렁이며 내 눈을 유혹한다. 서천의 비인 앞 멀리 나간 모래펄 밭에서 띄엄띄엄 조개 캐는 아낙네들은 유화 한 폭이다. 지난 9월 23일 군산에 살고 있는 지인들이 서천 바닷가나 가자는 제안에 따라 7명의 일행은 생선류의 시장을 보아가며 우리나라 전형적인 가을을 품에 안고 목표점을 향해 달렸다.

현지에 도착한 나는 해변 가로 나가 사진 몇 컷부터 시작했다. 어느새 준비해간 왕새우와 술상이 챙겨져 기다린다. "우선 맥주 한잔부터 하자."며 모두의 잔을 채운다. 연장자인 나에게 건배 제의를 해와 "나보다는 다음 연장자가 하는 게 좋겠다."며 사양을 했다. 나이 먹은 게 자랑이 아니기 때문이다. 다음 연장자 서예가인 박춘성 지인은 "가을맞이 첫 야외 나들이인 만큼 우리의 건강과 푸른 하늘을 향해 한잔씩 하자."고 건배 제의를 한다. 나는 몬도가네는 아니지만 "무항생 왕새우는 키토산이 많은 껍질째 초장 찍어 먹어야 제 맛이 난다."고 먹는 방법을 알려주었다.

일행은 일단은 한 마리씩 먹어 보았다. "달다."며 방법에 상관없이 왕새우에 양주 한 병이 한 시간도 못돼 금세 끝났다. 이제는 국산 소주와 맥주로 일갈을 하며 추억담이 쏟아지며 분위기는 푸른 하늘을 향해 날아간다.

나는 술잔을 기울이면서도 온통 신경은 바다와 산, 주변 환경, 그리고 푸른 하늘에 서쪽의 한편에 흰 구름이 누구를 기다리는지 그 손짓에 더욱 관심이 많았다. 내 눈의 초점에서 수평선 너머까지 삼각형을 이루며 은빛 찬란함을 멈출 줄 모르고 서쪽에 다달을수록 더욱 강렬히 비추어 주고 있는 햇빛에 관심이 쏠렸다. 그런가 하면 비인에서 보이는 군산의 산업단지, 고군신군도, 십이동파도, 외연노까지는 눈 안에 들어온다.

어청도는 섬이라는 형태만 보일 둥 말 둥하며 전북과 충남의 섬들은 외롭고 고독함과는 먼 거리이다. 오히려 '어서 오라.'는 신호를 연속 보내고 있는 모습이다. 그 섬들을 가보고 싶은 마음은 간절하나 갈 수 없는 마음이 안타까웠을 뿐이다. 인간에게 주는 '자연의 사랑'에 대한 메시지로 받아들여진다.

'반겨줄 테니 어서 와 친구하자.'는 상상이다. 그러나 그 섬들은 '자연과 함께 살아가는 우리들에게 쓰레기, 담배꽁초, 몇 십 년 몇 백 년씩 공들여 키운 초목을 마구 캐가며 산림을 훼손하는 것은 절대 안 된다.' 는 경고음을  보낸다. 그 경고음은 방문객들에게 주는 무서운 회초리임을 알리는 사나움이다. 인간에게 교훈을 주는 강렬함을 느끼게 한다.

비인에서 환히 보이는 군산 국가산업단지에 현대조선이 세운 대형 크레인이 보인다. 오늘의 군산경제를 생각하니 화가 치밀기도 하지만 그룹의 생리현상도 내 머리를 스친다.

너무도 좋은 가을 날씨와 일행의 나들이는 상쾌한 기분에 자연이 선물하는 오늘, 그냥 넘길 수 없다는 마음으로 주변 환경에 두리번거려졌다.

바닷가에 자리한 식당은 뱃전에 앉은 기분이고 썰물에 역사를 이룬 사연을 밀물은 지워버린다. 해송으로 뒤덮인 조그만 해변 앞 무인도는 주인을 기다리고 수평선은 은빛의 금단과 희망으로 빠져들게 하고 바로 이웃한 도로변의 가로수인 백일홍은 꽃길을 만들어 주었다.

거나한 취기가 스민 나도 재킷 여미느라 바쁘지만 뱃전을 떠나는 마음은 아쉬움으로 가득했다.

# 가을 바람은 오늘도 노닌다

자연의 섭리인 가을은 풍요롭다. 산들바람과 동무 삼아 날아오는 가을바람은 시원스런 배부름을 우리네에게 값진 선물을 한다. 천고마비天高馬肥를 실감하는 계절이다. 금년으로 49회를 맞는 진포예술제는 군산시민들에게 항금 같은 문화예술의 양식으로 배부르게 한다. 군산문인협회를 비롯한 9개 단체로 구성된 군산예총은 반세기의 역사 앞에서 문화예술의 꽃을 피워 멋들어진 낭만의 항구도시 군산을 예향으로 반주하고 있다.

군산 시민들의 가슴마다에 예술의 꽃향기를 심는 열정은 가히 금강과 만경강을 아우르는 서해바다에 항상 창조의 물결을 이루어 낸다.

군산문인협회는 이번 전시회에 자매결연한 중국 양주작가협회(회장 杜海)회원 10명의 작품과 한국의 대표시인 고은 선생, 문효치(사)한국문협 이사장, 군산문협 출신으로 전국에 명성을 떨치고 있는 김기경 시인, 채규판(원광대 명예교수). 이원철 원로시인들의 작품, 전북 대표 시인들인 진동규(전 한국문협 부이사장), 소재호(표현문학 회장), 정군수(신석정 문학관장), 안도(전북문협 회장), 호병탁 박사(군산문학상 수상자, 시인, 평론가), 김광원 박사(군산문학상 수상자)의 작품이 특별 초청되어 전시를 하게 됨은 군산문협의 쾌거라 하지 않을 수 없다.

또한 군산문협의 회원도 알알이 영근 작품세계를 시민들에게 선보인다. 참으로 향기로운 일이 아닐 수 없다. 문학은 문화예술의 상징이요, 영구불멸의 역사를 남기는 위대함은 인류와 함께해오고 있다. 군산의 문학은 1905년에 시조시인들의 동아리 모임은 오늘의 군산문학의 효시로 기록되고 있어 어언 1백 년을 넘기는 역사를 지니고 있다.

1백 년을 넘기는 역사 속에 유명을 달리한 채만식 작가를 비롯한 문인들도 많지만 현역으로 우리나라 문단에서 활동하는 작가로도 고은 시인, 문효치 시인, 채규판 시인, 이원철 시인 등 재경 작가뿐만이 아니라 군산문인협회 소영자 수필가 이양근 시인, 조준환 아동문학가, 전재복 시인, 김철규 시인, 신성호 시인(군산문협 회장) 등 회원 50여 명도 현역으로 작품 활동을 활발히 하고 있다. 군산의 문향은 전국에 메아리지고 있어 항구산업도시이면서도 시민정서함양에 한몫을 차지하고 있다.

특히 채만식 문학관은 전국의 현역문인은 물론, 문학지망 청소년들에게도 군산문학의 씨앗을 뿌리고 있어 문학발전에 롤 모델이 되어주고 있음은 다행스런 일이다.

군산은 지리적으로 반도 여건이지만 시가지 병풍역할을 하는 월명산과 금강과 만경강이 자리하고 있음에 자연의 흥미로움은 채만식 작가를 포함, 고은 시인의 탄생지이기도 하다. 금강과 만경강은 오늘도 유유히 흘러 서해바다에서 넘실거린다.

# 무소유 감동

마음을 비운다는 것은 결코 쉬운 일이 아니다. 평생 피땀 흘려 모은 전 재산을 홀연히 던지고 보살로서 삶을 마감한 무소유의 실천자가 있음을 확인하면서 커다란 감동을 받았다. 16세의 어린 나이로 기생에 입문하여 민족사의 암흑기를 지나 8 · 15해방, 6 · 25사변, 정국의 혼란 등 인생의 질곡을 살아온 김영한(1916~1999)이 그 주인공이다.

김영한은 평생을 기생으로 살아오면서 삼각산 남쪽 자락인 서울시 성북구 선잠로 5길 68번지 7천여 평의 대지와 40여 동의 크고 작은 전각들을 짓고 대원각大苑閣을 운영해 왔다. 3천6백 마디의 뼛속에 간직해온 전 재산을 1987년 법정스님(1932–2010)의 《무소유》 책 한 권을 읽고 법정스님에게 기증의 뜻을 전했다. 법정스님은 그의 깊은 마음을 헤아려 1995년에야 받아들여졌다.

대한불교조계종 21교구 송광사 말사로 1995년 6월 《대법사》로 등

록한 후 1997년 12월 14일 "맑고 향기롭게" 근본도량 길상사吉祥寺라는 사찰 명으로 바꾸어 오늘에 이르고 있다. 대한민국 정부 수립 후를 지나면서 자유당정권, 민주당정권, 5 · 16을 지나 민주당의 정치권인사들은 대원사를 사실상 정치 아지트로 삼는 등 서울장안의 제2영빈관이라 부를 정도였다.

우리나라 정치사의 이면사를 지닌 대원각이 소유주 김영한의 '무소유' 정신으로 "맑고 향기롭게" 근본도량으로 탄생된 것은 오늘의 재벌주의에 묻혀 헤어나지 못하는 그들과 비교조차 할 수 없는 거룩함의 실천자가 아닐 수 없다. 나는 지난 4월 5일 4 · 13총선이 한창이지만 길상사를 잠깐 들렀다. 이날따라 창백한 날이어서 경내를 모두 돌아보는데 지루함이나 걷는 데 불편함을 못 느끼며 법정스님의 진영각眞影閣에 큰절을 올리고 김영한의 사당祠堂과 공덕비를 보면서 나도 모르게 머리가 숙여졌다. 사당 안에는 보통 크기의 초상회 한 장이 걸려있을 뿐 쓸쓸한 감을 주면서도 인간사 '공수래공수거'의 정신을 담아 피어나는 향기로 방안을 가득 메우고 있음을 느끼지 않을 수 없었다. 바로 이것이 김영한의 '무소유' 정신이요 영혼 불멸한 무형의 상징으로 남을 것이다. 김영한은 삼각산 골짜기에서 맑은 물이 흐르는 성북동 배밭골에 대원각을 세워 운영해 오다 생애의 높고 아름다운 인간의 회향을 머금으면서 무주상보시無住相布施했다.

길상사로 창건되는 아름다운 법석에서 법정스님으로부터 염주 한 벌과 길상화吉祥華라는 불명佛名을 받은 것이 전부다. 길상화는 "나 죽으면 화장해서 눈이 많이 내리는 날 평소 기거해온 길상헌 뒤뜰에 뿌려주시오."라는 유언을 남겼다. 그로부터 2년이 채 안 되는 1999년 11월 14일 (음 10월 7일)육신의 옷을 벗고 부처님 옆으로 갔다.

법정 스님은 "금생에 저지른 허물은 생사를 넘어 참회할 것이다. 이제 시간과 공간을 버려야겠다."는 말씀으로 생生과 사死가 둘이 아님을 일깨워주고 2010년 3월 11일(음 1월 26일) 행지실(현 진영각)에서 인류에게 '무소유'의 법어를 남기고 영혼의 세계로 떠났다. 이제는 법정스님과 길상화 보살의 '무소유' 정신은 오늘도 성북동 삼각산 봉우리에서 쉬지 않는 메아리가 퍼지고 있는 듯하다.

경내는 새봄과 함께 삼삼오오 짝을 지어 찾아오는 불자들만이 이곳저곳을 거닐며 전각들을 돌아보느라 발걸음이 바쁘다. 길상사의 큰 법당인 극락전에는 중앙에 모셔진 주불인 아미타부처님과 좌우에 관세음보살과 지장보살은 참배를 하러오는 세속인들의 기도 내용을 어떻게 받아들일지가 궁금하다. 길상화의 '무소유'에 대한 깊은 뜻이 뇌리를 쉽게 벗어나지 않았다.

# 해무海霧에 묻힌 바다 꽃

살랑거리는 봄이 오면 바다 꽃을 시샘하는 해무. 그것도 서해안에는 더욱 그러하다. 3일이나 연휴인 지난 6일 나는 반려자와 함께 모처럼만에 부안 격포를 찾았다. 격포에서 오후 3시경 광주에 사는 막내딸을 만나기로 하고 새만금 제방을 지나 격포에 가는 도중 해무로 인해 고군산군도가 흔적처럼 보일 뿐 아름다운 풍광을 볼 수가 없다.

중국에서 날아오는 미세먼지도 있겠지만 해무로 뒤덮여 있어 해무천지다. 격포에 도착하여 막내 내외를 만나 격포 앞 등대있는 곳까지 걸어가는 동안 찬란하게 은빛으로 장식되어 있을 바다 꽃을 보는 것은 상상으로 돌릴 수밖에는 없다. 이 시간쯤 맑은 날이면 은빛으로 물든 바다에는 위도와 고군산군도 모두가 내 가슴에 안겨 있을 터이다.

수없이 보아온 채석강은 역시 의문의 절묘함으로 시선을 집중케 한다. 우리는 인파로 붐비는 격포수산시장에서 살아 있는 갑오징어 한 마리를 3만 원에 구입하여 회로 먹으면서 격포 앞바다의 풍광을 노래했으나 해무로 인해 이는 물거품이 되고 말았다. 등대에 기대어 격포항과 등대 밖을 번갈아 보는데 때마침 격포-위도 간 정기여객선 훼리호가 항 포구를 벗어나고 있다. 승객들은 배 위로 모두 나와 바깥을 구경하느라 정신들이 없지만 나는 그 모습이 구경거리였다.

출발하면서부터 등대를 벗어나는 여객선은 아무런 소식도, 뱃고동소리도 전하지 않고 무심히 격포항을 빠져나가고 있다. 깊은 사랑에 빠져 있는 연인이 돌변하여 누구를 만나러 가는지 사라지듯 훼리호는 해무 속으로 숨어버린다. '거리의 이별'을 하는 연인처럼 흔적도 남기지 않은 채 사라졌다. 따라서 두 줄기의 물보라도 언제 무슨 일이 있었느냐는 듯 호수 같은 평온을 되찾고 있다.

연휴를 실감케 하는 관광객들은 어디서 몰려왔는지 구름떼 같다. 그런가 하면 거리악단 3인조는 갖가지 노래로 관광객들의 발걸음을 멈추게 한다.

40대로 보이는 7~8명의 여자들은 몸을 흔들어대는 막춤으로 흥에 젖은 모습은 또 하나의 구경거리를 만들어 준다. 또한 3~5명씩 실은 모터보트 너덧 척은 마치 격포항 앞 바다에서 시위라도 하듯 하며 아슬아슬한 장면들을 보여준다.

그런가 하면 해변가와 수산시장 부근에는 엿장수를 비롯한 갖가지 리어커 장수들은 저마다의 떠드는 마이크 소리를 내며 시장을 방불케 하고 있다. 부두를 빠져나와 썰물에서 보는 적벽강 주변을 돌아본 뒤 저녁 식사할 곳을 찾았다. 대명리조트 앞을 지나려 하자 승용차들로 주차장은 생각도 못할 정도지만 도로변에도 차 한 대 주차시킬 만한 공간이 없다.

넓은 들녘을 꽉 메운 상황이다. 가까스로 좁은 공간 하나를 찾아 주차를 해놓고 바지락죽을 전문으로 하는 집을 찾았다. 지난해 7월 '개야도'라는 상호로 개업을 했다는 이 집에서 바지락죽과 바지락전을 주문해 맛있게들 먹었다. 음식 감정전문가는 아니지만 나는 섬 출신인지라 바지락을 알고 있는 만큼 평가를 했다. 흡족했다고 하자 식구들도 모두 '맛집'이라는 평들이다.

즐거운 하루를 보내고 집으로 돌아오면서 돌이켜보니 해무가 훼방을 부렸지만 해무 그 자체의 모습도 장관을 이루어 잔영으로 남는다.

## 문향文香의 길목

문향이 그윽한 청암산. 전국의 수많은 사람들이 다녀가고 있지만 오늘의 청암산은 문향으로 가득하다. 군산시 옥산면에 소재한 청암산은 옥산수원지를 중심으로 수변도로(약 4시간 거리)와 약 2시간 거리의 가벼운 등산을 할 수 있는 나지막한 산이다. 10월 8일 서울에서 남녀 40여 명의 문인들이 한국문인협회 문효치 이사장의 고향인 옥산면을 찾아와 청암산에 문향을 뿌렸기 때문이다.

이날 오전 9시 30분경까지도 실가랑비가 내리더니 10시에 접어들면서 언제 비가 왔느냐는 듯 쾌청한 날씨로 변하면서 구불길 산책에 안성맞춤이 되어 아름다운 문향에 가랑빗님들이 물러섰다. 가을의 정취를 집어주는 열아홉 살의 갈잎들은 문향의 진객들과 어울려 청암산을 어리둥절케 했다.

죽림 산방을 능가하는 지점에서는 죽향竹香이 문향을 맞아 한 쌍의 커플을 이루어 필연적 연인임을 자랑한다. 그런가 하면 햇볕은 이들

진객들의 그림자를 수원지에 그려 보이고 있어 청암산과 수원지는 온통 문향의 진수로 가득했다. 12시가 되면서 일행은 문효치 이사장의 생가를 찾았다. 문 이사장은 옥산면 남내리 생가를 농촌 체험장으로 사용토록 무료로 제공했다. 이곳에서는 옹골진 농촌의 참 모습을 체험할 수 있도록 준비를 해 놓았다. 전국에서 농촌체험 현장을 찾는 사람들은 순수 옥산면에서 생산되는 농산물인 콩, 깨, 마늘, 시금치 등 이를 원료로 한 갖가지 음식들이 출현한다. 심지어는 보리술까지 등장한다. 검정콩으로 만든 두부에 보리쌀로 빚은 막걸리 한 잔은 옛날에 수염이 긴 노인들이 한잔 마신 뒤 수염에 묻은 막걸리를 씻어내는 모습이 농부의 정경을 엿보이게 한다. 이날 진객들에게 제공된 음식은 숯불에 구운 검은돼지고기에 두부와 막걸리에 모든 음식들은 옥산면에서 생산된 식재료들이라고 문정식 씨(전 군산시 이 · 통장 협의회 회장)는 실명을 아끼지 않는다.

이날 농촌체험의 맛을 만끽한 문향들은 준비한 시낭송, 옛 추억의 노래 등 흥겨움을 감추지 않았다. 특히 문 이사장도 노래의 청에 사양하지 않고 고향 생가 마당에서 목청을 아끼지 않아 우레 같은 박수를 받았다. 참으로 정겨운 무대가 되었다. 가을의 햇볕은 들녘을 황금벌판으로 만들어 가고 남내리에는 고향 냄새가 물씬하고 문향들은 자연과 어머니 젖가슴에 묻힌 듯했다.

오찬을 즐긴 일행은 새만금 현장과 고군산군도의 다리 연결, 개통된 무녀도까지를 다녀왔다. 천지개벽의 새만금사업과 고군산군도의 비경에 모두는 감탄사를 연발한다. 또한 군산근대역사박물관을 찾았으나 차량도 사람도 발 디딜 틈이 없어 포기하고 군산 하면 항구만 이 아닌 〈탁류〉로 대변되는 채만식 문학관으로 향했다. 꼼꼼하며 섬세한 해설사 설명에 귀 기울이며 모두는 경청한다.

탁류의 무대인 금강변에 넓은 광장 같은 정원에 아기자기하게 꾸며진 내부의 정연함은 문학관으로서의 가치를 부여한다. 따라서 군산문학사가 111년이라는 사실에 모두는 놀라며 "잘 간직하여 군산의 문학사를 전국에 알릴 필요가 있다."는 주문도 아끼지 않아 필자의 어깨를 무겁게 한다.

'강과 산과 바다와 평야를 함께 안고 있는 천혜의 자연에 문향까지 함께한 군산'이라는 대명사 하나를 선물한다. 차창으로 '바이 바이' 하며 손을 흔드는 잔영이 오늘도 어린다.

## 째보선창

군산 내항에는 째보선창과 빨간 등대 하나가 있다. 째보선창이라는 군산 금암동을 가로지르는 개울 하나가 있다. 이 개울에 다리를 놓고 사람도 자동차도 다니고 있어 금강의 수변이 언청이 모습을 했다고 하여 째보선창이라는 닉네임이 붙으면서 한 세기를 훌쩍 넘기는 역사를 지니고 있다. 그래서 군산 하면 째보선창이라는 대명사 하나가 따라다닌다.

또한 째보선창 바로 앞에는 일본인들이 개항을 하면서 빨간 등대 하나를 세웠다. 이 빨간 등대는 군산항의 상징이기도 하지만 금강하구인 내항에 들어오는 모든 선박들에게 위험한 지역이니 조심하라는 신호의 표시로 빨간 등대를 세운 것이다. 이 째보선창은 군산항의 역사와 함께 숱한 사연을 담고 있다. 군산유학의 첫 번째 하숙집이 째보선창가였다. 중학교 1학년에 입학하면서 선친과 교분이 있는 '고군산 하숙'이라는 여인숙 뒤편 방에 하숙을 하고 학교를 가려면 매일 째보선창을 거쳐 가야 했다. 우리 집 앞마당 역할을 한 것이다.

째보선창가에는 군산수협의 수산물 공판장이 있어 조금(조수가 가장 낮은 때를 일컬음)이 되면 수산물로 뒤덮는다. 비린내가 진동한다. 생선장수들로 붐빈다. 생선을 사려는 사람들로 발 디딜 틈이 없을 정도다. 그런가 하면 아침 해가 뜨면 길가에서 뱃사람들이 쓰러져 잠자는 모습을 어렵지 않게 볼 수 있다. 이러한 광경은 한겨울을 빼고는 봄, 여름, 가을에는 언제나 볼 수 있는 곳이 바로 군산항이었다. 1940년대부터 1980년대까지 군산항 선창가의 애환이 서린 째보선창이다. 태어나고 살고 죽고 한 째보선창은 군산이라는 항구와 더불어 오늘에 이르고 있으나 1990년대에 이르면서는 주인 잃은 헛간과 같은 적막만이 흐를 뿐이다. 그토록 문전성시를 이룬 째보선창은 그 이름마저 시들어 가고 있어 대체하는 길이 주어지기를 한없이 기대해 본다.

특히 필자의 사춘기시절을 보낸 째보선창이기에 살며시 뿌려진 사연이 그 시절을 더듬게 하고 있다. 그런가 하면 칠흑 속의 어둠을 밝혀주는 빨간 등대 하나는 군산항을 찾는 선박들만이 아니라 낭만에 젖은 청춘들에게는 더없는 추억거리를 만들어 주었다. 금강하구언에 유일한 이 빨간 등대는 사랑에 불타는 청춘남녀들에게 때로는 저 등댓불처럼, 때로는 빨간색의 불이 되어 인생의 활로를 가늠케 해주는 바로미터 역할을 하기도 해주는 빨간 등대. 낭만 속의 하염없는 사연들을 지켜보아온 빨간 등대는 불만 반짝일 뿐 지금은 휴업상태다.

도시개발의 일환으로 수변도로공사가 한창이지만 누구에게도 멋진 친구가 되어 주고 한 아름 안아주며 희비쌍곡선을 그어준 째보선창과 빨간 등대는 추억의 낭만으로 점철된 그 모습은 간데없고 유유히 흐르는 금강 물과 함께 화려했던 시절을 까맣게 잊은 듯하다. 그러나 째보선창과 빨간 등대는 아직은 자신들을 지켜내고 있다. 필자는 이곳을 맛과 멋과 낭만이 넘실거리는 옛 군산항의 이미지를 살렸으면 하는 마음 간절하다.

금강과 운명을 함께할 째보선창/ 그리고 빨간 등대/ 추억을 머금게 하는…/ 당신들은 군산의 영원한 동무/ 꿈틀거리는 새싹으로 피어나야 할 사랑/ 나는 오늘도 당신들을 안고 싶소.

# 간월암

호수 같은 바다는 깊은 잠에 취했다. 바람은 멈춰 있고 바다는 '결'을 잃었다. 그 바다 위의 간월암은 적막을 깬다. 영생극락의 길을 안내하는 스님의 목탁 소리만이 고요를 흔든다. 천도제 모습이다. 간월도의 주인인 간월암 안에는 부처님이 모셔져 있다. 세상은 요지부동이고 군상群像들의 율동만이 있을 뿐이다.

지난 5월 23일 서해안 서산방조제 부근의 간월도에서 빚어진 자연과 속세의 어우러진 한 광경이다. 나는 월요일인데도 할 일도 있지만 만사를 제치고 20년 지기인 친구와 둘이서 하룻길 여행을 떠난 것이다. 모처럼만에 안면도를 향한 여행은 간월도에서 멈췄다. 몇 년 전 우리 가족과 막내 처남 내외와 함께 간월암을 다녀간 일이 떠오른다.

간월도는 밀물에는 섬이 되고 썰물 때는 육지가 되는 곳으로 전국의 관광객들이 늘 붐비는 곳이다. 우리는 이날 때마침 썰물 때라 걸어서 간월암을 갈 수 있게 됐다. 부처님 오신 날이 며칠 지나지 않아서인지 줄에 매단 연등이 바다 위를 지나고 있어 보는 이들로 하여금 마음을 정숙하게 만들어 주고 있다.

오전 11시경에 간월도에 도착했을 즈음에는 쾌청한 날씨에 바람은 한 줌 없이 멈춰 있고 따라서 바다는 결마저 잃은 채 숨죽여 잠자고 있으니 이것이 바로 세상의 평화가 아닌가 싶었다.

바로 이웃하고 있는 안면도는 농무로 인해 멀리 희미하게 보여 마치 동양화의 한 폭을 봄 직하다. 간월암은 최근 주변정화로 말끔히 단장도 되어 있지만 다니는 도로도 축대도 모두 안전위주로 손질을 잘해 놓았다. 마음 놓고 다닐 수 있게 되어 있다.

우리 둘이는 먼 바다와 산을 바라보며 "고요히 잠든 산천과 다를 바 없다."며 "참으로 고요하며 얼마나 평화스러운지 모르겠다."고 한마디씩 주워 담는다. 그런가 하면 갯벌바탕에는 조개를 캐는 남녀들이 널려 있어 마치 농촌의 모심는 모습을 연상케 하는 삶의 한 장면이다. 이곳은 간월도 어촌계원이 아니면 출입을 할 수 없으며 일반관광객에 대해서도 어촌계에서 단속이 심하다고 한다.

우리는 서산의 굴밥을 먹기로 하고 간월도에서 전통과 맛을 자랑한다는 언덕 위의 하얀 집을 찾아갔으나 관광객들로 붐비며 최소한 한 시간은 기다려야 한다고 하여 다른 집으로 가야 하는 처지가 되었다. 손님은 우리뿐이다. 10여 분이 지나자 굴밥이 나오는데 이는 단순한 굴밥이 아니라 무슨 약밥으로 착각할 만큼 차려져 나온다. 여유만만하게 맥주 한 잔에 굴밥을 야금거리는 우리는 퍽 여유로웠다.

바람 한 점 없어 깊은 잠에 빠져있는 간월도처럼 우리 사는 세상도 이처럼 제발 평화스러우면 얼마나 좋을까 하는 마음이 여민다. 이 나라에는 언제나 편한 세상, 편한 마음, 복된 평화가 올지 하늘만 바라보아야 하는가.

# 눈은 오는데

하늘이 뚫렸는지 눈이 펑펑 쏟아진다. 무술년에 접어들어 서설瑞雪이 폭탄세례에 가까운 눈은 군산공원을 은빛으로 물들인다. 공원을 지키며 시민을 아름다운 마음으로 또는 월명산과 함께 병풍역할을 해주는 소나무며 삼나무며 삽목까지도 어느 하나 빠뜨리지 않고 은빛 찬란한 눈 옷으로 갈아입힌다.

군산에서 가장 높은 동아26센터 13층 나의 보금자리 청암재에서 바라보이는 월명공원은 이날따라 더욱 자연으로 휘감은 풍광의 자태를 보이고 있다.

어둠 속을 오색으로 치장한 샹들리에 불빛이 제아무리 휘황찬란해도 이날 월명공원에 비친 자연의 풍광에는 비교할 수 없을 만큼 이 순간은 나의 감정을 사로잡는다. 한 줌의 바람기도 없는 날씨에 온 산천초목을 하얀 옷으로 입힌 눈은 누구의 선물일까를 생각하게 만든다. 겨울 가뭄으로 타들어가는 농심은 조금이나마 한숨 놓았으면 하는  마음이다. 이 눈의 선물이 군산지역만인지 전국인지는 몰라도 최소한 군산지역은 물의 중요성을 인식시키는 데 충분하리라 여겨진다.

그러면서도 한편으로는 눈 내리는 날에 산행도 해보았고 젊은 시절에 낭만에 취해 추운 줄도 모르고 연인과의 눈길을 밟으며 싸각싸각하는 리듬에 취해 먼 길을 걷기도 했다. 차창 너머에 그칠 줄 모르는 눈은 먼 곳으로 떠나보낸 옛 추억들을 더듬게 해주고 있어 눈이 감긴다. 나도 모르는 사이 멀리 떠나버린 또 다른 추억이 어른거리기도 한다. 멍하리 만큼 월명공원 너머에 보이는 고층 아파트와 보이지 않는 금강 물은 지금 어떤 모습일까 생각에 머문다. 군산은 비교적 자연 재해가 없는 지역으로 알려져 있지만 그래도 폭설이라면 어떨까 하는 염려스런 마음도 든다.

눈은 인류에 공헌도 하지만 재앙을 불러일으키는 경우도 있기 때문이다. 그러나 오늘 만큼은 눈으로 장식한 월명공원의 장관에 한 줄의 글을 쓰고픈 마음이다. 이 순간 나만이 아닌 젊은 남녀 청춘들은 시간 가는 줄 모르고 시가지를 거니는가 하면 카페에 앉아 창 너머로 함박눈을 응시하면서 추억을 더듬기도 하고 만들기도 할 것이다. 무술년의 서설이라는 점에서 더욱 마음은 희망의 뭉클함이 머무르며 한편으로는 추억의 낭만이 반추하는 희비의 쌍곡선을 이루기도 한다. 쏟아지는 눈에 어렵사리 나날을 보내는 서민들의 마음도 떠올려진다.

자연의 섭리에 순응하며 오늘의 눈을 인간살이에 필요조건으로 받아들이면서 내일을 꿈꾼다. 시야에 들어온 가로수마다 살포시 앉은 눈은 설경의 작품으로 세상을 수놓았다. 1980년대 두 사람은 설악산 한겨울의 눈밭에서 철없이 눈싸움도, 큰대자로 누워 하늘을 보면서 무엇을 생각했는지 아른거린다. 2018년 서설은 어떤 형상을 보일지 기다려진다.

# 추억의 대아수목원

모처럼만에 완주군 동상면에 소재한 전라북도 산림환경연구소에 나들이를 했다. 대아수목원이다. 지난 4월 24일 가까운 친구와 세 명이서 날씨가 너무도 쾌청한 데다 봄을 맞이하는 감정을 감출 수가 없어 변산반도를 갈까, 아니면 완주 동상면의 수목원을 갈까 망설이다가 역시 봄은 산이 좋겠다는 생각으로 수목원으로 정했다. 우리는 오전 10시경 군산에서 승용차를 이용해서 알콩달콩하는 대화를 하면서 대아리저수지를 지나 수목원으로 향했다. 중간의 대아리저수지 언덕에서 잠시 쉬기로 했다. 서울에서 온 친구는 몇 년 전에 한 번 와 본 경험이 있다면서 "맑은 하늘과 저수지물 색이 똑같다."며 "내 얼굴도 이 거울(저수지물을 가리킴)에 비치지 않겠지." 한다. 언덕에서는 그림자를 볼 수 없기 때문이다.

동심에 젖은 듯 50대 후반의 모습은 안 보였다. 그 친구들은 같은 마음이다. 대아리저수지의 굽이치는 수변도로를 따라 수목원에 도착하자 이들은 해발 448m의 제일 낮은 전망대를 다녀오겠다며 총총 걸음이다. 제일 높은 전망대는 518m나 된다. 봄의 여신을 타고 익어 가는 연녹색의 수목들을 안고 산허리를 휘어 감으며 올라가고 있다. 뒷모습이 아름다웠다.

나는 등산에 부담이 갈 것 같아 포기하고 주변만을 연인 삼아 수목과의 대화를 나누었다. 봄의 내음과 함께 자태를 보이려는 꽃나무들은 뾰족이 내미는 고개는 봄의 생기에서 그치는 것이 아니라 새 생명체가 살아나듯 하는 환생의 모습을 보는 느낌이다.

1주일 전인 4월 16일은 2014년 세월호 침몰로 참사를 당한 3백여 명의 단원고등학교 남녀학생들의 생명이 저들 앙상한 가지에서 연녹색을 보이는 것처럼 살아오는 모습이 나타난다면 어떻게 될까 하는 허상이 떠올랐다.

나라꼴이 어디로 가는 배인가. 어느 무엇도 자연 앞에서는 못 당하는데 어찌 인간세상이 회오리바람처럼 제 마음대로인지 생각하면 할수록 미물의 미동에 그치는 것만도 못한 짓을 하는지….

마치 15년 전쯤에 이곳에 최정욱, 추광엽, 김철규 세 사람은 고로쇠물을 먹으러 온 일이 생각났다. 입구의 구멍가게에서 고로쇠물을 오징어와 국산양주와 함께 너무들 마셔 결국 그 가게 방에서 하룻밤을 보내게 되어 하나의 추억으로 남긴 일이 있다. 그날 가게 여주인도 상당한 술을 거들어 더욱 마시게 된 것이다.

이곳 수목원에는 1980년대는 매년 2~3개월에 한 번씩 등산을 하기 위해 다녔다. 산속의 사정들을 비교적 아는 편으로 금낭화 군락지, 나리꽃 분수, 튤립 동산, 수생식물원, 연꽃, 복수초 군락지 등의 사계절을 보아왔다. 그래서 풍경이 있는 수목원이다.

1995년에 전북산림환경연구소로 정식 개원을 했으나 그 전에는 전북수목원으로 관리하면서 식물원으로 조성해 왔다. 이날도 맑은 햇살을 받으면서 가족단위로 몰려드는 인파로 주차장 만원이 문제가 아니라 수목원 내부의 특수수목 관리 동사마다 어린이 등의 인파로 또 다른 풍광을 이룬다. 날씨와는 정반대로 나는 단원고 희생 학생들의 모습이 떠올라 머리가 개운치 않았다.

마치 슈퍼에서 여고생 차림의 학생이 무언가 꼬챙이에 끼어 있는 것을 맛있게 먹고 있어 호기심에 물었더니 회오리 감자라는 것이다. 3천 원을 주고 나도 한 개 사서 먹는데 짠맛에 생각보다 너무 맛이 없으나 버릴 수는 없고 해서 억지로 다 먹어 치웠다.

그사이 내려오는 그 친구들을 만나 완주 소양의 순두부집에서 두부와 함께 옛 추억을 더듬으며 점심을 때우면서 막걸리 한 사발씩을 들이켰다. 회오리치듯 한 정치와 세월호의 회오리 침몰, 산인지 바다인지 구분하기 힘든 세상이 순두부에 막걸리 한 사발 마시는 기분처럼 제대로 된 민주주의는 언제나 제 위치로 돌아올지. 눈앞의 먹구름은 언제나 걷힐지.

# 장사도 여행

장사도 여행은 행복감을 안겨주었다. 처음 들어본 섬 이름이지만 어떤지 친근감을 주기도 하지만 생각했던 것보다는 너무 포근하다. 그러면서도 자연환경은 내 마음을 사로잡는다. 남해 통영 앞바다 한려수도에 속해 있는 한산도 하나의 섬이다. 누에를 닮았다 하여 '잠사도'를 '장사도'로 변형이 되고 경상도 방언으로 늬비섬이라 불리었다고 한다. 가을의 문턱을 넘어서는 어느 날 좋은 사람과 함께 남해 여행을 떠난 것이다.

추억의 뱃고동 소리도 없이 선장의 안내 방송과 함께 통영항을 출발한 유람선은 푸른 바다를 헤치며 45분이 소요되는 장사도에 도착한다. 잦은 해상사고에 안전을 중시하는 선장은 승선에서부터 운항 중, 하선하는 데까지 세심한 주의를 당부하고 있어 퍽 다행스러움을 느꼈다. "그래야지." 하는 마음이다. 세월호 참사가 떠올랐기 때문이다. 아무리 대형 사고가나도 책임지는 사람도 관계기관도 적당히 넘어가는 꼴을 보아온 터라 그랬을 것이다.

우선 장사도에 도착한 나는 상당한 경사도를 따라 해발 108m인 정상에 올라 먼저 하늘을 보고 그리고 사방을 둘러보았다. 푸른 창공엔 구름 한 점 없어 보이고 시야에 들어오는 건 크고 작은 섬들이 푸른 바다를 마당 삼아 금시 걸어 나오려는 모습들이다. 아니, 고유의 섬이라는 자태를 보이며 나를 유혹하는 손짓들이다. 걸어서 갈 수만 있다면 가고픈 마음이다. 나는 윗옷을 벗지 않으면 안 될 만큼 땀에 흠뻑 젖어 있다. 이 섬은 원래 14가구에 83명이 살아온 어촌 마을로 초등학교 작은 분교, 작은 교회가 있으나 특유의 섬사람들이라는 삶의 애환을 담아온 터전이다.

그러나 지금은 천연자원인 10만여 그루의 동백나무, 후박나무, 구실잣밤나무, 천연기념물 팔색조, 동박새와 풍란, 석란 등과 관광자원화한 시설물들을 만들어 놓았다. 특히 야외공연장, 12머리를 형상화한 조형물, 아비는 바다에서 아내는 밭일로 하루를 보낸 뒤 저녁 노을과 함께 귀가하는 조형물로 된 노부부의 귀가, 장미꽃터널, 야외갤러리 등 상당한 시설을 해놓았다. 지금은 원주민은 육지 어디론가 이주를 하고 다만 주민이라고는 관리인들 몇 명과 카페테리아 상인 몇 사람이 있을 뿐이다.

세상 변화하는 모습들을 실감한다. 이제 어촌은 사라지고 관광지가 된 것이다. 주민이 하는 관광 사업이 아니고 장사도해상공원 까멜리아에서 운영하고 있다.

섬 전체의 길이 1.9km, 폭 400m인 작은 섬이다. 정상에 광장이 있어 땀을 식히는 시원한 바람은 바다 내음과 함께 온몸을 시원함의 옷을 입히는 기분에 나는 만끽한다. 일행도 마찬가지라며 시원한 기쁨을 잃지 않는다. "행복한 마음, 평화스러운 마음, 세상도 이랬으면 얼마나 좋을까." 하는 아쉬움의 긴 호흡을 하며 "아, 좋다." 하는 소리가 절로 나온다. 전형적인 가을의 햇빛은 나로 하여금 유치환의 〈행복〉 시비를 읽어 내려가게 한다.

> "사랑하는 것은 사랑을 받느니보다 행복하나니라 오늘도 나는 에메랄드 빛 하늘이 환히 내다뵈는 우체국 창문 앞에 와서 너에게 편지를 쓴다(중략) 나는 진정 행복하였네라".

행복한 마음으로 장사도를 찾고 보니 더없는 행복감으로 뒤덮인 나는 다도해라는 모양새를 자랑하는 한려수도 한산도 속 장사도는 행복의 샘이 되어주는 그리움의 섬이다.

## 내소사 느티나무 교훈

눈의 회초리에 치이고 세월이 짓밟아도 의연히 내소사의 혼을 천년 동안 지켜오는 대웅보전 앞마당의 느티나무 한 그루. 중생들의 세상몰이를 눈여겨보면서 천년 세월을 마다하지 않고 오늘에 이르렀다. 사계절이 지나가고 눈이 오나 비가 오나 누군가 헤집어 삼키려 들어도 끄떡없는 천년 세월을 하루같이 서해의 대표적 도량으로 능가산의 내소사와 함께 세상살이의 준엄함을 계시해주는 데 인색하지 않았다. 앞에서 머리 숙여 절하는 중생, 침 뱉고 고개 돌리는 중생, 그런가 하면 자신을 성찰하는 중생, 살아온 인생의 죄스러움을 "용서해 주세요." 하는 중생 등 헤아릴 수 없는 인간 만사를 묵언默言으로 생명을 지켜내고 있는 모습이다.

가을을 상징하는 요란스런 오색의 단풍에 감동하며 찾아드는 관광객과 불자들의 발걸음에 시달리는 내소사. 11월의 중순에 접어든 월요일인데도 인파의 옷깃이 스치는 장관의 인연 속에 나도 한몫 끼었다. 능가산 자락에 자리한 내소사 일주문 앞에서부터 〈대장금〉 촬영지를 지나 대웅보전 앞마당 입구까지 몇 백 년(300~500년)을 지키는 양쪽 전나무 숲길은 우리나라 서해 해안선에 자리한 것도 독특하지만 만인의 시선과 발걸음을 편안케 하는 곳이다. 그래서 어느 때나 인산인해를 이루는지도 모르겠다. 2012년 겨울 캐나다에서 조기유학을 마치고 귀국한 손주(현재 고교 2년)와 함께 가족이 이곳을 찾았다. 당시 눈이 쌓인 숲길을 따라 기념사진 찍기에 바쁘지만 특히 선 글라스를 끼고 눈길에서 팔팔 날듯 뛰놀던 손주의 그 모습이 떠올랐다.

도량사찰이 관광지로 변했으며 이곳을 찾는 모든 이는 내소사 수호수로 불릴 만큼 우람하고 불자 여부를 떠나 머리 숙여 기도하는 정진함을 보이게 한다. "이 나무가 무엇이냐."는 중생도 있으나 대부분은 번뜩하는 눈배를 소홀히 하지 않음을 볼 수 있다. 나는 이곳을 사계절마다 한두 번씩은 찾아 부처님께 참배를 올린다. 이날만큼은 숙연해진 마음으로 부처님 참배를 마치고 나와 느티나무 앞에 이르러 한참 동안 능가산을 포함한 주변 산세를 바라보고 느티나무의 우람한 모습에 눈을 쉽게 떼지 못했다.

천년 세월 답지 않게 싱그러움을 지나 노랗게 물들어가는 잎 하나 하나에 우주가 숨 쉬는 감정은 내 마음을 사로잡았다. 이것이 세월이고 이 가운데서 자연의 섭리가 무엇인가를 계시해 주었다.

# 구름의 경이로움

대한해협의 비행기에서 내려다본 하얀 구름은 기괴묘경奇怪妙境함을 드러내 보인다. 이같은 구름의 경이스럽고 우주의 삼라만상을 그려낸, 구름만이 가능한 자연의 극치를 여지없이 보여준다. 이러함은 과학문명을 뒤로 제친 자연의 율동에서 나타난 형상일 것이다. 나는 지난 8월 9일 가보고 싶었던 홍콩을 가기 위해 비행기 편으로 대한해협 상공을 지나게 됐다.

그동안 세계 각국을 비행기로 다녀 보아 상공에서 내려다본 구름의 형상을 많이 보아 왔지만 이날따라 유독 대한해협을 지나는 순간, 비행기 밖을 내다보게 되었다. 비행기 내의 안내영상에 대한해협을 지나는 과정을 보게 되어 한일간의 관계에서 우리 민족에 피비린내를 남긴 일본의 반성과 속죄함을 피하려는 작태에 대한 울분이 머리를 스쳤다. 하늘에서 보는 침묵의 대한해협은 지금 무슨 그림을 그리고 있을 까하는 마음에서 더욱 내려다보게 됐다.

고도 1만 2천m에 속도는 8백90km 상공이다. 조금씩 달라 보이는 기괴함은 빙하를, 얼음이 녹아내리는 절벽을, 공장 굴뚝에서 연기를 내뿜는 모습, 피어오르는 하얀 뭉게구름, 빙하에서 떠내려 오는 얼음덩이, 그런가 하면 갑자기 나타난 먹구름, 아니면 설원雪原, 마치 지구촌에서 빚어지고 있는 '평화와 전쟁'과 자연이 어우러진 오늘의 세계를 보이는 것으로 비유된다.

특히 하얀 뭉게구름이 피어오르는 광경은 우리 민초들에게 희망을 주는 듯하고 빙하의 얼음덩이는 한반도가 잘려나가는 비운을 연상케 한다. 또한 먹구름이 몰려오는 듯함은 일본국의 헌법 개정을 통한 무력사용과 사드 문제 등 야릇한 감정이 마음을 무겁게 한다. 그러나 설원 같은 모습에서는 평화스러움이 꽃피는 감정을 안겨주는 것 같은 소견을 준다. 어느덧 대한해협을 지나 대만의 옆구리를 스쳐 홍콩 도착을 재촉한다. 이곳을 지나면서 구름의 세계는 어떤가 하고 보았으나 역시 별다른 상이함을 바라볼 수 없는 광경들이다. 나는 한참 동안 눈을 감고 엉뚱한 역발상을 머무르게 하다가 다시 바깥을 보았다.

작열한 햇빛만이 눈을 공격할 뿐이다. 홍콩을 처음 가본다는 사실에 은근히 어린아이같이 설렌다. 무표정한 모습이 아닌 나는 세계여행을 두 번이나 하신 동행하는 박형보 선배에게 홍콩은, 마카오는, 심천은 어떤 곳인지 궁금하다는 말을 건네며 여행 이야기로 시간을 보냈다. 3시간여의 비행여정을 마치고 목적지인 홍콩 첵랍콕 공항에 착륙한다.

# 백합 사연

"나는 그대를 그리는 마음으로 산골짜기 바위 틈새에 피어 있는 백합꽃 같은 마음으로 기다리겠습니다." 간결하면서도 짤막한 편지는 내 마음을 움켜잡는 듯했다. 그럴 만한 사연은 없지만 어쩐지 가슴이 울렁거렸다. 여고를 졸업한 뒤 "대학진학을 포기하고 당분간 가사 일을 돕기로 했다."는 김 양은 "어렵게 서울의 K대 법학과를 진학했으니 고등고시에 꼭 합격을 하시도록 기도하겠어요." 하는 내용도 곁들였다. 얼굴만큼 예쁜 글씨 솜씨로 써 내려갔다. 1961년 당시는 고학생이라 했지만 오늘날은 아르바이트 학생이다. 내가 야간 경비를 해주는 편물점포를 가끔 드나들며 나를 본 것이다. 그것이 인연이 되어 대학 시험을 앞두고 김 양 집으로 초대받아 할머니, 부모 등 가족들과 함께 점심을 한 번 먹은 적이 전부다.

묵례하는 정도일 뿐인데 어느 날 자기 집에 초청을 하겠다고 하여 별다른 생각 없이 "그래요." 한마디에 약속을 한 것이라 약속을 지키기 위해서 집을 방문하여 후한 점심대접을 받은 것이다. 3일 후 상경하여 시험을 보고 발표 때까지 기다리며 사글세로 방 한 칸을 얻어 역시 알바(학생 과외수업)를 시작했다. 합격 소식을 편지로 전했다. 그에 대한 답장을 보내면서 깊은 사연이라도 있는 것 같은 내용의 편지 속에 낙엽 2개까지 넣어 보내온 것이다. 그러한 내용이 담긴 편지이지만 관심 없이 책 속에 넣고 말았다. 당시 고시 준비에 다른 생각을 할 여유가 전혀 없기에 그 이상의 편지라 해도 관심이 없었다. 어느새 여름방학이 되어 고향에 내려가 재경학우회에서 만난 여학생과 인사를 나누는 순간 우연케도 김 양을 만나게 됐다. 고향에 내려왔으나 시간이 없어 연락도 하기 전에 만난 것이다. 반가움은 어디로 가고 나에게 "그 여자는 누구냐."며 따진다. 대학 진학을 포기한데 따른 콤플렉스가 아니냐 하는 생각을 하면서도 대화의 대상이 아니라는 판단을 했다. 공부에 전념해야 하는 나로서는 냉엄한 판단이 요구되고 있어 어떤 미련도 없이 절교하자는 제안을 했다. 단호한의 절교를 했다. 그러나 처음 나에게 보낸 "백합꽃처럼"이라는 마음의 표현은 그 뒤 상념에 젖어 생각해 보았다. 순결하고 외로운 산골짜기 바위 틈새에 기어 핀 백합꽃처럼 가슴속 깊이 담겨진 변함없는 사랑을 고백한 것이 아니냐는 생각에 때로는 묵념에 잠기기도 했다. 그때부터 백합꽃을 좋아하고 사랑한다. 피어난 안개꽃의 묶음 속에 한 송이 백합은 너무 외로울 것 같아 두 송이가 있으면 한다.

절교의 후회는 해본 적이 없지만 김 양의 백합꽃 마음은 쉽게 잊히지 않는다.

# 02

# 산들바람처럼

# 새해 아침 동해에서

칠흑의 한밤을 꿰뚫고 리무진버스는 질주한다. 새벽 2시 군산을 출발하여 경북 영덕군 바다와 입맞춤하는 곳까지 달려가는 것이다. 잠을 자려 해도 깊은 잠이 올 리가 없다. 그러면서도 잠을 압박하지만 그럴수록 눈은 총총해진다. 어느 한순간은 살짝 시든 순간이 새벽녘의 피로를 풀어주는 성싶기도 했다. 무려 4시간여를 달려온 버스는 어느 명태해장떡국집에 도착한다.

개운하고 시원한 떡국은 2018년 새해의 황금돼지해 무술년을 맞아 나이 한 살 더 먹는 떡국이라는 사실에 인생살이를 더듬게 한다. 이번 여행은 주로 불교신자들이 만들어 108산사라 하여 한 달에 한 번씩 전국의 유명사찰을 탐방하며 불심을 키우는 행사 중의 하나다. 오늘의 동해안을 찾은 것은 세칭 신년 해맞이를 하기 위해 이곳까지 온 것이다. 떠오르는 해를 보기 위해 약 1.5km를 달려 조그마한 어촌마을 앞 방파제에 도착하면서 붉은 불덩어리인 해가 모습을 드러낸다. 인산인해가 된 길지 않은 제방엔 '와' 하는 소리와 카메라 셔터 소리가 오케스트라의 화음을 들려준다.

나는 기도한다. 가족 일가친척 모두는 물론 나라의 안녕과 국태민안을 소원하는 마음의 축원에 인색하지 않았다.

그중 특히 유일한 친손자 김윤태(고 3 진학)의 희망인 해군사관학교에 합격하여 나라의 간성干城이 되도록 해달라는 축원을 드렸다. 다른 외손자 외손녀도 있지만 아직은 군을 희망하지 않고 윤태만이 유독 국방이 튼튼해야 나라가 튼튼해지지만 앞으로는 해양강국의 국방력이 중요하다는 굳은 의지와 신념을 갖고 목표설정을 하여 방학에도 아무 곳도 안 가며 집과 도서관에서 시간을 보내고 있다. 할아버지로서 오직 도울 수 있는 길은 오직 목표달성을 축원하는 길로 여기고 마음의 축원을 빠트리지 않는다. 사찰을 자주 찾는 편이기에.

1백여m의 짧은 해수욕장에 내려가 지인과 함께 스마트 폰의 셔터가 쉴 틈이 없을 만큼 기념을 남기려 했다. 해가 떠오르며 바다에 비치는 물결은 어느새 은빛으로 변했고 끝없는 수평선은 검푸른 바다 위를 걸어가게 하는 마음을 충돌질하고 있다. 걸어가지도 못하지만 배를 타고 선유를 할 수도 없을 지경인데 말이다.

2017년은 나라에 역사의 질곡 속에서도 횃불 혁명을 통해 새나라 건설을 위한 나라다운 나라, 사람다운 사람, 정의의 역사가 바로 세워지는 나라, 진정으로 국민이 주인이 되는 나라를 만들자는 국민의 염원을 안고 정유년을 역사의 뒤안길로 보냈다. 2018년 무술년은 국정지표의 목적이 달성되도록 새해 아침 동녘에 떠오른 태양을 온 국민이 한 아름 안고 첫발을 내디디자는 축원을 올렸다. 동방의 나라 대한민국에 새 일꾼이 역사의 소명을 성실히 수행하여 국태민안이 현실로 다가오도록 해달라고….

## 문화예술의 꽃

문화예술의 땅에 피어난 한 송이 꽃
장엄한 군산항에서
금강을 안고 출항의 뱃고동을 울렸던 고장였거라
군산 문화예술의 꽃 창작세계를 품에 안은 군산이여
기업인의 독지篤志로 탄생한 동우아트홀을 보라

짙어가는 녹음에 연주의 선율을 타고
금강이 서해바다 한줄기로 흐르고
문화예술의 웅지를 품고
세계를 향한 문화예술 마당 그 씨앗을 보라
향토기업의 담대한 역사役事와 문화가 화합한
장엄한 깃발을 보라

군산의 긴 역사가
금강물 출렁이는 역사이듯이
군산문화예술의 새로운 혼을 창조하는
동우문화재단의 작품인 아트홀을 보라
뾰족한 사나움을 둥근 달로 탄생시킨 둥지가 여기 아닌가

금난새 지휘 개관 기념공연의 웅비는
아트홀의 혼과 문화예술인들의 나래를 펴고
군산항 문화예술의 울림을
국민의 품속에 시민이 간직한 동우아트홀
한 송이 꽃을 보라

2019. 5.

# 산들바람처럼

산들바람에 아침햇살은 마음을 들썩인다. '어제와 오늘의 날씨가 이토록 변해버렸나.' 하는 마음이다. 평소 충주나 청주는 맑고 고우며 청정지역으로 인식되어 왔다. 그러나 오늘은 우중충하며 맑은 기분이 안 들었다. 제19회 수필의 날 전국대회가 시작되는 26일 첫날인데 이왕이면 쾌청한 날씨였으면 하는 아쉬움이 적셨다. 첫날의 모든 행사가 마무리되고 둘째 날은 어제와 달리 너무나 쾌청하고 마음부터 상쾌했다.

그래도 첫날 청주에 도착하자마자 운보 김기창 선생의 '운보의 집'을 볼 수 있어 마음속으로 너무나 기뻤다. 평소 마음으로만 그려보던 운보 선생의 작품만을 생각했을 뿐 생애를 통틀어 만든 아름다운 고풍의 정원 운보의 집, 갓 쓴 예수의 일대기인 예수의 생애관, 운보의 예술혼이 담긴 운보미술관, 자연과 예술이 만나는 무반주협주곡인 조각. 수석공원을 감상할 기회를 가졌다. 얼마나 값진 여행인가를 몇 번이고 되뇌었다.

특히 운보 선생은 어머니의 본가인 외갓집이지만 1976년 부인과 사별 후 1984년 이곳에 운보의 집을 마련하면서 타계할 때까지 머루른 곳이다. 서울 태생이지만 운보의 집을 고향으로 생각하고 살아오면서 작품 활동을 해온 곳이라는 설명이다. 먼저는 운보의 집을 둘러싼 병풍모양의 산세 속에 자리한 본채와 정원은 운보 선생 생전의 상상적 미술세계를 보는 것 같았다. 주변 환경이  빚어낸 자연은 독창적인 예술세계의 작품이 탄생한 근대미술사에 커다란 획을 그은 것이 아닌가 싶었다. 참으로 진귀한 감상이다. 이곳이 아니면 운보의 타고난 예술혼과 폭발적인 정열에서 독보적 운보예술의 세계를 볼 수 있는 운보미술관이다.

특히 우리 고유의 전통양식인 한옥의 안채와 행랑채, 정자와 돌담, 연못의 비단잉어까지 한 폭의 그림으로 조화를 이루고 있다.

또한 운보 선생의 역작으로 평가받는 예수의 수난상을 한국화로 표현한 예수의 생애를 성화 30점(1952~53)이 전시되어 있다. 갓 쓴 예수를 포함한 등장인물들 모두는 한복에 한국의 산하를 배경으로 하고 있는 특징적인 장면들이다. 그뿐만이 아니다. 빼놓을 수 없는 조각. 수석공원은 수려한 자연을 배경으로 최대한의 공간을 유지시키며 조각 작품과 조형석인 수석들은 자연 속의 혹점 하나씩을 남긴 형상들이다.

첫날의 본 행사를 마치고 1박 한 일행 모두는 아침 햇살을 맞으며 밝은 표정에 삼삼오오 짝을 지어 기념사진 찍기에 바쁘다. 그도 그럴 것이 날씨가 너무 좋아서이다. 현존 세계 최고最古의 금속활자본 직지直指를 감상하면서 백운화상의 뛰어남을 새롭게 인식했다. 직지의 본디 명칭은 '백운화상초록불조직지심체요절白雲和尙抄錄佛祖直指心體要節'이다.

직지는 금속활자 인쇄를 창안한 세계사적보물이 아닐 수 없다. 박물관을 돌아본 나는 세계최고라는 자긍심으로 가슴을 가득 메웠다.

청주고인쇄박물관 옆에 자리한 세계기록유산으로 등재된 직지의 본산인 흥덕사를 찾았다. 대웅전 앞 3층 석탑을 지키는 돌 항아리 2개가 양 날개 역할을 하고 있다. 물이 그득 담겨진 가운데 열악하기 짝이 없을 정도의 가냘픈 수련 줄기 한 개씩이지만 세계를 망라한 직지의 보람을 안고 있는 모습에 가슴 뿌듯했다.

코스의 하나인 충북진천 농다리도 찾았다. 고려시대에 세금천이라는 넓은 개울을 건너야 하는 다리를 축조한 것이 오늘의 농다리籠橋로 지역의 관광자원화 역할을 톡톡히 하고 있다. 지네다리 모양의 사이로 흐르는 물결은 천년 세월을 쉼 없이 세찬 물결을 보이고 있다. 고려초 당시의 건설양식으로 보면 우리 조상들의 지혜로움을 엿볼 수 있다. 이 농다리는 천년 세월을 지나는 동안 숱한 사연을 안고 있지만 토해내지를 않고 있어 쾌청한 날씨의 푸른 하늘만 바라보게 한다. 농다리 양옆에 사연을 알고 있는 해묵은 버드나무는 묵묵히 흐르는 물결만을 응시하고 있다.

몇 번이고 주변을 살펴보아도 생거진천의 물줄기는 멎어 있으나 상류에서 흐르는 물은 강산이 변하지 않는 한 농다리 물결과 함께 건너는 모든 사람들의 마음을 담아 진천의 역사를 담아낼 것으로 보여진다. 제아무리 세찬 물결과 홍수가 밀려와도 농다리는 무사안일한 모습 그대로 역사를 이룰 것이다. 농다리 축조기술의 가치와 진면목을 후손들에게 물려 줄 보배로운 유산으로 남을 것이다.

농다리를 뒤로한 모두는 점심시간이 지나 배가 고프다는 가냘픈 목소리를 내는 일행도 있으나 농촌의 꼬불꼬불한 길을 달리는 대형버스는 그래도 열심히 달려간다. 마침내 예약한 식당에 다다르자 불고기전골에 한잔의 막걸리 맛은 쾌청한 봄날을 순간 잊을 뻔했다. 마치 앞자리에 앉은 80의 한 문인과의 짧은 대화 속에 "이런 여행은 언제라도 함께 하겠다."는 단호함에 노익장이라는 말이 무색함을 느끼게 했다. 점심을 마치고 밖에 나와 보니 산들바람에 구름 한 점 없는 전형적인 봄날의 상쾌함은 일행 모두의 1박 2일 여행의 피로감을 엿볼 수가 없었다.

# 혜미자의 혼

이날은 유독 하늘이 높다. 어쩌다 하얀 뭉게구름 몇 점씩 나타나는 모습은 손끝에서 탄생하는 혜미자의 혼을 보는 듯했다. 점심을 먹으려고 복잡한 전주 시내를 벗어 완주군 소양면의 어느 카페를 찾은 날이다. 산들바람은 자유형의 수영을 하며 실잊을 맛사지 해준다. 50여 평 남짓한 정원은 실크잔디다. 유치원생으로 보이는 아이들은 풍선공놀이에 바쁘다. 1백여 년쯤으로 보이는 소나무는 건강한 모습에 넘치는 가지로 휴계 탁자의 우산이 되어 준다.

카페 안으로 자리를 옮긴 둘이는 늦은 점심을 푸드 종류를 주문했다. 친구인 혜미자는 우리나라 한지공예의 이론과 실무를 겸하고 있는 선구자 역할을 하여 한지공예로 전라북도 무형문화재 60호 색지장色紙裝 소유자다. 80의 나이를 눈앞에 두고도 제자들을 가르치는가 하면 작품 일에도 하루면 7~8시간씩 손을 놀리지 않는 노익장을 보인다. 장롱의거리장을 포함한 50~60여 가지를 만들어 낸다고 한다.

전주 한옥마을 중심지에 자리 잡고 20여 년 동안 자리를 지키며 한지공예산업화에 몸을 불사르고 있다.

음식을 기다리는 시간을 최대한 활용하며 그동안의 활동과 작품세계를 설명하느라 바쁘다. 맛있게 보이는 음식은 입맛을 돋워 주어 맛있게 배를 채웠다. 커피 한 잔씩을 마시며 우리나라 공예산업의 육성 방향에 대한 설명을 해준다. 종이실로 어느 것이든 생산을 못할 게 없다는 것이다. 이러한 국가적 산업 가치는 정부차원에서 육성 발전시켜나가면 수출도 한몫을 차지할 것이라고 당위성을 내세운다.

나도 모르는 사이 종이실의 산업재화産業財貨로서의 가치설명에 쏙 빠져드는 순간이 됐다. 4차 산업의 일환이 아니겠는가 하는 생각도 해봤다. 밖에 나온 우리는 인근에 자리한 '아원갤러리'와 영화 촬영 장소로 쓰인 한옥을 찾았다. 갤러리에는 미국에 거주하면서 작품 활동을 하고 있는 한국인 안형남 화백의 대작이 전시되고 있어 관광객들의 눈길을 끌었다. 안 화백은 미국 미술계에서 뽑힌 한국인 두 명 중 한 사람으로 등재된 유명작가이다.

나는 한옥의 툇마루에 걸터앉아 높고 푸른 가을 하늘을 보면서 '인생여정의 길목이다, 내 인생을 좀먹는 가을이 아닌가, 풍요로움의 경지도 모두는 미물에 불과한 인생의 여정을 줄 뿐이다.'라는 상념이 스쳐갔다.

아래로 내려오는 코스 속에 O's라는 갤러리 한 곳을 또 찾았다. 이곳은 옛 양잠 창고로 쓰인 건물을 개조하여 갤러리와 휴식처를 만들어 관광객들을 유치하는 소득원으로 활용하고 있다. 이 갤러리 정원

앞에는 상당한 규모의 저수지가 산세와 아울러 자연의 풍광을 찾는 이들의 피로감을 덜어주고 있다. 나도 그중 한 사람이다.

의미 있는 하루의 여행이 모처럼만에 친구와 함께한 자리는 마음과 잔영이 내 곁을 떠나지 않을 것이다. 혜미자의 손끝에서 나오는 종이공예의 무한한 창조적 혼은 우리나라 산업발전에 기여하리라는 신념이 주어졌다. 혜미자는 오늘도 나지막하고 협소한 연구실 겸 작업실에서 수제자들을 길러내고 다양한 작품세계에서 헤매고 있을 것이다. 사람은 자기적 가치의 혼이 존재해야만 한다.

혜미자의 혼은 바로 종이실의 명령과 함께할 것이다.

# 캐나다와의 인연

아름다운 자연과 함께할 수 있는 캐나다. 청정의 나라, 눈의 나라, 국민들의 정교함을 보여주는 나라다. 캐나다에 대한 인연이 깊은 것은 아들과 며느리는 캐나다 밴쿠버의 대학에 유학을 하면서 그곳에서 만나 결혼을 했고 손주도 밴쿠버에서 태어나 캐나다 국적을 갖고 있기 때문이다. 지금은 서울에서 살고 있지만 손주(김윤태. 캐나다 이름: 알렉스)는 밴쿠버에서도 비행기로 한 시간이나 걸리는 넬슨시티라는 산골짜기의 로즈초등학교에서 10세부터 12세까지(4-6학년) 다니다 귀국했다.

나는 어린것이 생면 부지한 이국 만리에서 혼자서 학교를 다니는 것이 너무도 안타까워 며느리는 직장관계로 못 가고 우리 내외와 아들(김성권)과 셋이서 그해 12월 말 넬슨시티를 찾아가 보았다. 서울에서 4학년 2학기(9월)에 한국인이 없는 산골 넬슨시티로 유학을 보낸 것이다. 한국인이 많이 사는 곳에서는 영어를 쉽게 배울 수 없다는 판단에서다. 우리는 밴쿠버를 거쳐 국내비행기로 약 1시간가량 넬슨시티 인근 공항에 안착했다.

공항 밖으로 나오자 손자는 나를 보더니 "할아버지." 하며 달려와 품안에 안긴다. "할머니는, 아빠는?" 하며 찾더니 옆에 있는 할머니, 아빠를 보고 부둥켜안는 품에 들어가며 할머니 아빠를 부른다. 손주는 너무도 밝은 표정, 환한 웃음, 캐나다에 온 지는 3개월밖에는 안 되지만 그렇게도 자연스럽고 활달한지 놀랍기도 하지만 짧은 3개월의 학교생활, 하숙집 주인의 따뜻한 애정과 배려를 짐작게 하여 캐나다에 대한 이미지가 한층 새로워졌다.

세상천지는 눈으로 덮여 있다. 공항에서 30여 분만에 하숙집에 도착하여 그 집 부인, 아이들(2명)과 얼굴을 마주한 뒤 손주와 함께 앞으로 5일을 투숙할 호텔로 갔다. 다음날 손주는 시가지와 시 중심을 흐르는 쿠르트 강변 공원과 주요 시실물 등을 안내하는 것이다. 다음날은 학교생활을 보자고 했다. 이에 손주는 10여 분 걸어가는 학교에 아침 08시 20분에 등교한다. 본인의 학급교실로 안내, 담임선생께 인사를 하자 담임은 우리를 교장실로 안내하여 교장에게 한국에서 온 아버지, 할아버지, 할머니라며 소개한다.

어쩌면 그렇게도 담임이나 교장이나 친절한지 몰랐다. 교장은 한국에서 오신 학부모들이니 수업참관에 잘 모시라고 한다. 우리는 한 반 학생들끼리의 30분간 워크숍, 30분 운동 후 수업을 시작하는데 참관을 했다. 17명의 반 학생들은 토론식 수업을 한다. 민주주의 방식과 학생들의 의견이 존중되며 자유스러운 분위기 등을 보면서 선진국학교 수업방식이 바로 정교스러운 국민성을 지니게 하고 있다는 사실에 감명받았다.

그런가 하면 넬슨시티의 해외 유학생 담당 장학사는 우리를 넬슨시티 의회의장을 겸한 시장실로 안내하며 시장과의 인터뷰를 하게 하는 성의에 또 한 번 놀랐다. 시장은 "우리 시에서는 유학생들이 마음 놓고 공부할 수 있도록 모든 관리를 하고 있다."며 "걱정하지 말라."고 자신 있게 말하고 있어 나는 놀라지 않을 수 없었다.

짧은 기간이지만 손주의 행동거지에서 엿볼 수 있어 퍽 다행스럽고 아들 내외의 유학 결정 판단에 잘했다는 생각이 들었다. 3일째 되는 토요일에는 손주의 안내로 쿠르트 강변에 있는 온천을 찾았다. 렌트를 한 승용차로 약 2시간가량을 가는데 강변로가 때로는 한쪽의 절벽에, 때로는 소형 터널, 곳곳에 휴양지 공원, 거기에 온 산은 하얀 눈으로 장식되어 있고 푸른 쿠르트 강 은빛 출렁이는 풍광은 가히 문인들의 마음을 사로잡을 것이 분명하다. 아름드리 편백, 삼나무들이 빽빽하며 벌목을 한 나무를 대형트럭으로 운반하는 차량을 가끔 볼 수 있었다. 다음날은 스키장을 간다. 어느새 손주는 최소한 성인들이나 하는 활강을 하면서 즐거운 비명을 지르며 할아버지 아빠도 타보라는 것이다.

역시 눈의 나라에서 자라는 청소년들은 우주를 나는 기분에서 자연과 함께한다는 사실에 실감했다.

넬슨시티의 공항을 떠나올 때 손주의 밝은 표정으로 바이, 바이 하며 손을 흔드는 모습은 지금도 생각하면 눈에 선하다. 그 손주는 지금은 귀국하여 동화고등학교 1학년에 다니고 있다. 그래서 캐나다는 뇌리에서 지워지지 않는다. 자연과 함께할 수 있는 나라, 살고 싶은 나라로 기억된다.

# 박귀덕 회장의 후덕함

말은 진실을 담아야 한다. 말의 진실 속에는 그 사람의 인격과 품성, 행동거지 하나하나가 되새겨져 있을 것이라 생각한다. 그러한 인격자를 오늘의 현실에서 쉽지 않게 발견한 나는 잔잔한 호수에서 미소를 보는 듯했다. 나도 모르게 고개를 끄덕이었다. 누가 훔쳐볼까 맛있는 전통 전주비빔밥 한 그릇도 말끔히 비웠다.

전북수필문학회는 지난 7월 7일 노송광장과 백송회관에서 《전북수필》 84호 출판기념회 및 문학 강연 & 수필화 전시회를 가졌다. 84호에 나의 '봄날은 가고 장미시대 문 열어'라는 제목의 수필 한 꼭지가 들어 있어 참여했다. 그러나 그보다는 전북수필가들의 축하 한마당잔치에 당연히 자리를 지켜야 한다는 마음으로 군산에서 전주까지 승용차를 몰고 간 것이다.

이날 행사에는 유인실 문학박사(시인/문학평론가)의 '수필문학과 슬로스티'를 주제로 한 문학 강연이 끝나자 전북수필문학회 박귀덕 회장이 내빈소개와 함께 인사말을 한다. 등은 땀에 젖어 있고 얼굴은 땀의 그림이 민주적으로 흐르고 있어 계속 땀을 밀어내는 모습, 거기에 수줍고 서투른 내빈소개에 모두는 손뼉으로 행사장을 메워준다.

정작 인사말은 화려한 수식어를 구사하는 능란한 말솜씨가 아닌 폐부에서 우러나오는 진실함만이 가득한 "오늘의 행사가 잘 치러질 수 있도록 해주신 모든 분들께 감사하다."며 몇 번이고 "감사합니다."를 연발한다. 박 회장의 진실함으로 가득한 표정을 바라본 김남곤 시인(전 전북일보 사장) 등 원로 문인들을 포함한 1백50여 명의 회원들은 여기저기서 "수고 많았습니다."로 답례의 힘찬 박수를 보낸다.

필자는 참여한 모든 문인들은 격조와 품위를 보여주며 화기애애한 행사장을 박수와 웃음이 넘치는 잔치로 비쳐져 너무너무 흐뭇했다. 공직을 정년퇴직한 박 회장은 비교적 여유로운 몸매에 후덕함의 상징성을 지니고 있어 문인들뿐만이 아니라 어느 누구에게도 거부감이 없는 문필가요, 어머니요, 할머니이다.

그래서 모두는 그저 좋아하며 반기는 모습들이다. 티 없는 푸른 가을 하늘에 하얀 구름 한 점 보는 듯했다.

# 섬나라 영국 기행

## (1) 꼭 가 보고 싶었던 곳

세계사에 남는 영 연방제국을 다스리는 영국은 과연 어떤 나라일까? 생애를 통해 꼭 한 번은 가보고 싶었던 곳이다. 동 유럽도 서유럽도 대개는 거의 다 가보았으나 영국만 못 갔다. 다만 글과 지도, 그리고 텔레비전에서나 보아 온 영국이기 때문이다. 평소 언제나 가볼 수 있을까 하던 참에 때마침 사)한국문인협회에서 제27회 해외문학 심포지엄을 2018년에는 영국 런던에서 5월 30일 실시한다는 것이다. 이 행사와 관련하여 8박 10일 동안 영국 출신의 세계적인 작가들의 삶과 생애의 역사를 더듬어 본다는 소식에 두 번 생각할 여지없이 죽기 전에 갈 수 있다는 판단에서 참가신청을 하면서 79세의 나로서는 천만다행으로 생각하지 않을 수 없다.

한국문협의 해외문학 심포지엄도 처음이지만 전국에서 작품 활동이 활발한 문인은 물론, 탐방 코스가 영국의 상징적인 스코틀랜드의 성과 내부시설, 영국의 끝없는 평원, 중부지역의 오묘스러운 산의 풍광 등은 안 가본 사람은 말할 수 없을 정도로 과연 대영제국의 존재를 짐작게 하고 있음을 보여준다는 것이다.

구체적 스케줄을 보니 심포지엄과 해외문인에 대한 문학상 수상에 이어 문학탐방을 하도록 되어 있다. 케임브리지 대학과 이 대학 출신의 바이런, 워즈워스, 하워스에 있는 브론테 자매의 도시와 〈폭풍의 언덕〉에 나오는 파리쉬 교회, 자매 기념관, 폭풍의 언덕, 스코틀랜드의 대문호 월터 스콧 경의 기념탑, 거대한 산과 호수로 널리 알려진 시인과 예술인들의 작품오상으로 손꼽혀온 윈더미어, 글래스미어, 셰익스피어 생가 등과 세계 4대불가사의 중 하나인 스톤네즈, 대영박물관, 버킹엄궁전, 국회의사당, 웨스트 민스트 사원(수도원), 테임스강과 타워 브리지 등을 볼 수 있어 스케줄만 보아도 환상적이다.

여행 기간은 5월 30일부터 6월 8일까지 8박 10일간으로 영국문학과 정체성을 눈으로 보고 체험하며 자신의 문학성을 키우는 데 커다란 도움이 되는 탐방의 기회로 받아들여졌다.

마치 초등학교 때 소풍 가기 전날 밤 같은 마음으로 설렘 속에서 밤잠을 설친 뒤 새벽 3시 5분 인천 국제공항에 가는 리무진버스에 승차했다. 버스 안에서는 자는 둥 마는 둥 하다가 도착하여 일행들과 함께 출국수속을 밟았다. 드디어 BA 영국항공에 탑승, 인천 국제공항을 빠져나갔다. 비행기를 처음 타보는 것도 아닌데 창가에서 눈을 떼지 못했다. 소년 같은 마음으로 영국을 상상해 보기 때문이다.

비행기는 6~7천 피트의 상공을 날아가고 있다.

## (2) 런던 해외문학 심포지엄

시베리아 벌판을 지나는 비행기는 말로만 듣던 바이칼호수를 지나가고 있다. 차창에서 바라보는 바이칼호수는 그저 거대하기만 하다. 드넓은 시베리아 벌판 속에 들어있는 세계에서 가장 깊은 호수(1천742m)로 알려져 더욱 유명할뿐더러 한 번쯤은 가보고 싶은 호수이기도 하다. 이 호수를 하늘에서 바라보기만 하니 실감을 못하는 마음은 갈증을 더해준다. 인천 국제공항을 오전 10시 35분에 출발하여 12시간의 비행 끝에 런던 히드로 공항에 도착했다. 현지시간은 오후 2시 30분. 우리나라보다 8시간이 늦기 때문이다. 입국수속과 짐을 찾아 바깥에 나오기까지 무려 2시간이 걸렸다. 참으로 지루했다.

드디어 영국 땅을 밟았다는 실감이 난다. 문효치 이사장을 포함한 일행 35명은 약 1시간가량 숙소인 호텔을 향해 질주를 한다. 과연 시가지는 어떤가 싶어 차창에서 눈을 떼지 못했다. 숙소는 공항에서 한 시간의 짧은 거리에 있는 크라운 플라자 런던 히드로 호텔로 조용한 농촌지역의 대형 별장 기분이 들었다.

오후 5시부터 호텔 내의 회의실에서 심포지엄이 시작됐다. 문효치 이사장은 '세계적 대문호를 낳은 영국 땅을 밟으며'라는 제목의 인사

말에서 "한국과는 혈맹의 관계임에도 문학적으로는 거리감이 드는 것은 양국 간 문인들의 교류가 빈약했기 때문"이라며 "이번 심포지엄을 영국에서 개최하는 것은 교류의 초석이 될 수 있는 계기가 됐으면 한다."고 말했다.

第26회 해외한국문학상 수상자는 미국 달라스 텍사스에 거주하는 박인해 시인(달라스 한인문인협회 회장)으로 미주지역에서 활발한 문학활동을 해오고 있다. 박 시인은 수상소감에서 '통곡의 벽이 되어준 고마운 친구 詩'라며 "시는 나의 은신처였으며 고해성사였다."고 밝혔다.

이번 해외한국문학심포지엄의 주제는 '한국 현대문학과 영국문학'으로 양왕용 시인(한국문협 부이사장)의 '한국현대시에 수용된 영국시의 양상' 임영천 문학평론가의 '19세기 영국소설과 20세기 한국소설' 권대근 수필가의 '현대 영국 에세이와 영국 희곡의 두 갈래 오솔길'이라는 내용을 발표했다. 회원 모두는 진지한 모습으로 경청을 했다. 또한 활발한 토론도 이어졌다.

저녁 만찬이 이어졌다. 그야말로 영국식 음식을 처음 먹어 본다. 이름도 잘 모르겠지만 하여튼 입에서 거부감 없이 맛있게 배부르게 잘 먹었다. 표충식 사무총장과 룸메이트가 되어 잠자리에 들려는 순간 문 이사장께서 찾는다는 연락이 왔기에 찾아갔더니 "소주 한잔 하자."는 것이다. 몇 명이 모여 앉아 소주 한 잔씩을 기울이며 영국 땅에서의 기념주로 첫 밤을 보냈다.

### (3) 바이칼호수

들뜬 마음으로 비행기에서 내려다보이는 바이칼호수는 장엄했다. 시베리아 벌판 속 파란 물의 바이칼호수는 시베리아 진주로 한 폭의 그림이다. 세계에서 가장 오래되고 깊은 담수호로 1996년 유네스코 세계자연유산으로 지정되어 있다. 이러한 호수를 내 눈으로 직접보고 확인하다는 사실에 대해 영국여행의 가치를 충분히 느꼈다.

또한 지구상에서 오염되지 않은 가장 깨끗한 호수로 담수총량의 20%는 얼지 않는 호수라는 설명이다. 특히 가장 깊은 곳의 수심은 무려 200m나 되며 연중 수온은 영상 4도를 유지하지만 11월 중순경부터는 얼기 시작하여 12월 말이면 호수 80%가 꽁꽁 얼어 지역 주민들의 교통로로도 쓰인다고 한다.

허허벌판 가운데에 자리한 바이칼호수는 주변에 약 2,600여 종의 동식물이 있으나 약 80%가 다른 지역에서 볼 수 없는 희귀종들이라는 것이다.

특히 연어과에 속하는 어류는 바이칼호수에서만이 살고 있는 고유종이라고 한다.

바이칼호수 면적은 3만1,500평방km(남한의 1/3), 남북 길이 636km, 최장 너비79km, 최단 너비27km, 둘레2200km에 이른다. 또한 물이 맑아 가시거리가 무려 40.5m에 이른다고 한다. 세계적으로 희귀한 바이칼호수를 보았다는 사실에 가슴 뿌듯한 감정이다. 가이드의 설명과 함께 이날따라 날씨가 좋아 조망하는 데 아무런 불편함이 없이 마음껏 감상을 했다. 흐뭇했다.

시베리아 풍경을 만끽하는 사이에 12시간의 비행을 마치고 런던 공항에 안착했다. 두 끼니의 기내식은 한식, 치킨으로 때웠지만 그런대로 괜찮았다. 그러나 입국수속 과정에서는 무려 1시간 50분이 소요되는 등 불편함을 느꼈으나 이는 이민국이라는 점에서 철저한 검색으로 많은 시간이 걸렸다는 설명이다.

오후 6시경 호텔에 도착, 여장을 풀고 곧바로 세미나실로 모두 모였다. 심포지엄을 마친 뒤 저녁식사를 하도록 일정이 나와 있기 때문이다.

투숙한 호텔은 크라운 프라자로 나지막한 옛 건물로 고풍의 인상을 주었다.

대영제국이라는 이미지에 그렇게 반가운 게 아니라 해적의 역사적 이미지가 연상되고 있어 더욱 관심이 가는 나라였다. 수도 런던은 물론, 영국의 주요도시를 돌아볼 생각을 하니 설레기도 하지만 도시마다의 환경과 규모 등에 더욱 관심이 가는 셈이었다. 또한 영국은 신사의 나라, 우수에 젖는 나라, 이슬비와 안개가 항상 자욱한 나라 등 몇 가지 궁금증을 안고 첫날밤을 보내는 것이다. 룸메이트는 표충식 한국문협 사무총장으로 다행스럽게 생각했다.

## (4) 케임브리지 잔영

다음날 아침 호텔 주변을 돌아보며 농촌 속의 별장 같은 느낌을 받았다. 밤이슬에 젖은 잔디의 미세한 물방울이 반기는 듯했다. 우거진 고목의 정원수는 호텔 역사를 그대로 보인다. 특히 우리나라 기아 승용차 3대나 목격할 수 있다. 기죽지 않는 뿌듯한 마음이다. 일행은 버스를 이용해 케임브리지로 달려갔다. 내가 생각한 케임브리지 대학은 엄청난 캠퍼스가 있는 줄로만 알았으나 이느 큰 착각을 했다.

부호들의 주거공간이 자리잡고 있으며 그것도 별장의 건축양식이다. 그 사이에 케임브리지의 칼리지들이 자리잡고 있다. 걸어서 중심부에 진입하자 상가들이 즐비하며 또한 그 사이에 1546년 설립한 킹스칼리지 본부가 있다. 킹스칼리지 교회는 중세 건축의 대표작이다. 우선 외모의 건물들도 고전의 냄새가 물씬하지만 교회 내부는 고색 찬란하면서도 근엄한 이미지, 예배 보는 자리 자체가 고결한 마음가짐이 없으면 아예 예배당 안에는 들어갈 생각을 말아야 할 정도다.

런던에서 북동쪽으로 약 90km의 거리에 있는 곳에 우즈강 지류인 캠강이 시가지 중심에 흐르고 있다. 이곳은 중세에 교통의 요지요, 상업중심지이다.

케임브리지 대학교의 소재지로서 32개의 칼리지(단과대학)에 1만 8천 명의 학생들이 공부하는 상아탑이다. 많은 학생들 중에는 영국 출신 학생은 20%에 불과하며 나머지는 세계 각국에서 몰려온 인재들이라는 설명이다. 국제적인 미술작가로 현역인 한국계 바이런 킴(1961-)과 낭만파 시인으로 낭만주의 문학을 선포한 윌리엄 워즈워스(1770-1850)가 케임브리지 출신이다.

특히 미국에서 태어난 바이런 킴이 한국계라는 데서 한국인의 두뇌에 감탄을 금할 수가 없었다. 그가 공부한 케임브리지 칼리지를 본 것이다. 이날 점심은 케임브리지 현지식을 먹는 자체가 내 역사에 남을 것 같은 기분에 싸였다.

영국 현지식이지만 무슨 음식인지도 모르면서 맛있게 먹었다. 물론, 시원한 캔 맥주 1개는 필수적이었다.

시가지를 흐르는 캠강에는 주로 젊은이들(학생으로 보임)이 대부분으로 30여 척의 노 젓는 보트를 즐기고 있다. 역시 중세의 건축물은 영국에서 감상함이 좋겠다는 생각이 들었다. 시가지는 우리나라 시골 장터 같은 인상에 중심도로도 우리나라 큰 골목에 비유될 정도다. 지성의 도시, 신사의 나라도 일컬어지는 영국의 케임브리지 중심을 돌아보는 마음은 케임브리지와 우리나라 5천년 역사와 사회상이 나도 모르게 비유가 됐다. 무질서 속의 케임브리지와 질서가 무시되는 우리나라와의 차이점은 한숨뿐이었다. 승용차가 다닐 수는 있으나 교수 학생 모두는 자전거다. 차량은 거의 보이질 않았다.

## (5) 리즈와 폭풍의 언덕

리즈의 조용한 아침은 평화로웠다. 동녘의 아침 햇살을 받으며 경내의 초원의 묵상걸음은 평화, 행복, 자유를 던져주고 있다. 1987년 캐나다 토론토의 국립공원에서 기념사진과 함께 느껴보았던 내 마음의 평화로움을 리즈지역 홀리데이 호텔 정원을 산책하면서 똑같은 마음을 가져본다. 리즈 중심지에서 눈앞에 나타난 것은 15세기의 대형건물들이 자리 잡고 있으나 웅장한 건물 대부분은 뿌옇거나 검은 석탄에 묻어난 모습들은 그대로다.

1650년대의 석탄시대를 겪은 상징물이다. 그 후 1700년대에 접어들면서 신에너지시대를 맞으면서 건설된 건물들은 석탄시대는 볼 수 없고 갤러리 시대가 열리면서 건축물 외벽의 모습이 달라졌다. 더욱 웅장하고 화려하며 영국의 단면적인 부흥을 엿볼 수 있었다. 관립인 대형 갤러리 내부는 금세기에서 14~15세기 이후 작품들이 전시되고 있어 대영제국의 역사를 보는 듯했다. 리즈지역의 블랙시대에서 화이트시대로 변모했음을 실감했다.

특히 리즈지역은 인구 72만여 명으로 양모공업이 발달되기도 했지만 석탄과 찰광석이 풍부해 제조공업도시로 발전해 현재는 의복, 섬유, 철강, 항공기, 피혁, 기계공업 등 제조공장, 상업, 행정 도시로 발전을 거듭하는 부자도시라고 한다. 특히 1770년 에어강 상류의 운하는 교통요지이며 잉글랜드의 문화적 중심지로도 널리 알려져 있다. 리즈대학은 자연과학과 공학 분야에 유명하다는 가이드의 설명이다.

하워스는 잉글랜드 웨스트 요크셔지역 북서부에 위치한 작은 마을이다. 이마을이 세계적으로 유명해진 것은 1800년대 영국의 대표적 여류작가인 《제인 에어》와 《폭풍의 언덕》(2012년 영국 드라마)을 쓴 브론테 자매들이 목사인 아버지와 함께 살던 집이 이곳에 있다는 사실이 알려지면서 세계적인 관광지가 되었다.

특히 이 집은 브론테 목사관 박물관이라는 명칭을 사용하면서 더욱 유명세를 탄 것이다. 2층으로 된 박물관 안에는 자매가 사용한 책상, 의자, 친필원고 등이 전시되어 있다. 이곳에는 증기기관차가 지나는 기차역이 있으며 관광객을 유치하기 위한 생활편의 제공이 잘 되어 있다.

쉬지 않고 박물관 모두를 돌아보면서 인산인해를 체험했다. 폭풍의 언덕 배경엔 푸른 초원이 있다. 그런가 하면 초원에 인접한 작물농장이 있어 조금쯤은 지형적 어색함을 느낄 수 있었다. 경계의 돌담은 우리네 시골의 돌담과 바를 바 없다. 이날따라 쾌청한 날씨는 나로 하여금 푸른 창공에 백구를 날리는 기분으로 일행 몇 사람과 벤치에서 영국이라는 나라 이미지에 대한 환담을 나누며 낙원의 세계에 온 감정을 감추지 않았다.

황량한 벌판에 휘몰아치는 폭풍을 이겨내지 않으면 안 되는 인간살이에 삶의 질곡을 더듬으며 살아가는 폭풍 속 주인공은?

하워스 푸른 초원의 언덕이 잔영으로 남는다.

## (6) 아름다운 도시 에딘버러

에딘버러는 한마디로 세계적인 관광도시다. 런던 북단(629km)에 위치하고 있으며 북해의 포스만 남안에 있다. 옛 스코틀랜드의 수도였으며 근대의 아테네라고 불리울 만큼 아름다운 도시로 유명하다. 우리 일행은 에딘버러성을 먼저 찾았다. 성 입구 매표소에서부터 관광객들에 의해 밀리며 발 디딜 틈이 없어 밀려들어가는 꼴이 됐다. 옆을 쳐다볼 사이도 눈을 돌릴 겨를도 없이 성안에 들어갔다. 이곳 성은 6세기에 브리튼 사람들을 격파한 노섬브리아 왕국의 에드윈 왕이 140m의 해발로 캐슬록으로 불리는 바위산에 축조되어 오늘에 이르고 있다.

7세기에 만들어진 에딘버러성은 요새 역할에 제몫을 다했다고 한다. 현존하는 이 성은 맥베스 가 측인 덩컨 왕의 며느리 마거리트가 1076년 건립한 채플인데 스코틀랜드 역사의 비극은 에딘버러 성이 그를 대변하는 상징으로 알려졌다.

이곳 성안에는 스코틀랜드 왕이 머무르기도 하여 왕궁, 또는 군사용 요새이지만 감옥으로도 사용되었던 유서 깊은 곳이다. 현재는 영국군 사령부로서 군이 주둔하고 있으며 내부에는 스코틀랜드 국립 전쟁 박물관 등 스코틀랜드와 관련된 다양한 박물관으로 쓰이고 있다.

이날 왕궁 입구 초병 2명의 절도 있는 교대식 광경을 보았다. 잠시 후인 오후 1시 정각에는 대포를 쏘는 모습도 볼 수 있어 에딘버러 성을 찾은 기억의 한 장면이 됐다. 박물관을 포함한 기념품판매상에는 그야말로 발을 들여놓을 곳이 없어 한참을 줄서서 기다려야 했다. 일행은 성을 벗어나 평지의 시가지까지 걸어 내려와 잠시 휴식을 취하기도 했다. 4일째인 이날 점심도 현지식으로 나는 식감을 돋우었다. 일행 모두는 스코틀랜드 대문호인 월터스콧 경의 기념탑, 코난 도일의 유적, 해리포터를 탄생시킨 엘리펀트 하우스, 왕가의 전용도로인 로얄 마일, 왕관 모양의 지붕이 독특한 '성자일스성당'을 둘러보았다.

특히 에딘버러 광장에 자리잡은 오늘의 성공회 내부는 상상을 초월한 웅장함에 감탄을 했다. 또한 광장에는 세계 각국에서 몰려든 관광객들로 붐비는 모습은 기념사진, 물건 구매, 남녀의 지나친 스킨십, 자전거 물결 등 천태만물상을 보는 느낌을 받았다.

일행은 거대한 산과 호수의 영향으로 시인, 각 장르의 작가, 예술가들의 영감을 안고 장거리 버스로 5시간을 달려 윈더미어로 이동했다. 5일째 밤은 이곳에서 머물었다.

## (7) 변화무쌍한 윈더미어

호텔 앞에 펼쳐진 호수는 환상적이다. 이를 보고 그냥 방에 머무를 수 없어 몇 사람이서 호숫가를 거닐었다. 맑고 푸른 호수는 수변의 나무 그림자가 한 폭의 동양화다. 한 시간여를 거니는 내 마음은 동화 속의 천진난만한 주인공으로 착각할 정도였다. 때마침 서쪽에는 해넘이에 얽혀 있으면서 무지개를 보이고 있다. 호수에서 보이는 무지개는 시 한 편의 소재에 충분하며 이를 그냥 넘길 수 없었다.

> 사랑의 여신이 눈 앞에 와 있네/ 무지개 타고 어서 오라 하네/ 물을 타고 달려가고픈 사랑 만나러/ 반겨주는 님의 품속으로/ 노을빛 품에 안고/ 사랑의 꽃동산 언덕으로/ 오색찬란한 무지개 사랑집으로/ 호수 타고 님 만나러 달려간다.

어둡기 전에 호텔로 돌아가고 있는 수변도로 옆 풀밭에는 검정소들이 먹이를 먹는 데 여념이 없는 모습이다.

숙소호텔은 고전의 건축미를 그대로 보여주고 있다. 시골의 별장 같은 기분이다. 일행은 보네스와 앰블사이드 구간을 운행하는 쿠르즈선에 승선했다. 해역 같은 호수를 가르며 쿠르즈선은 태양을 앞세우고 시원한 바람을 선물한다. 군데군데 초목으로 둘러 싸인 무인도들은 화가의 시선을 끌기에 충분했다.

쿠르즈선의 관광은 드넓은 호수에 간간이 보이는 바위섬들이 반주해주는 것 같아 한결 마음이 충만적이었다. 영국 잉글랜드 컴브리아 그래스미어의 집에 도착한 일행은 영국의 대표적 시인 윌리엄 워즈워스가 살던 집을 돌아보았다.

이 집은 18세기 후반에는 '도브 앤 올리브'라는 선술집 겸 여관이었다.

1799년 12월 20일 워즈워스와 여동생 '도로시' 가 이사를 해왔으며 1808년까지 이곳에서 살았다. 워즈워스는 이곳에서 결혼도 하고 아이를 낳았다. 호수와 주변의 뛰어난 풍경에 영국 '내셔널트러스트'가

1890년 이 집을 구입하여 현재까지 관리하고 있다. 역시 대문호가 살아온 흔적은 사라지지 않고 영구보존되고 있다는 사실에 우리나라의 문학관이 연상됐다.

희망에 가득 찬 일행은 이름만 들어도 현장으로 달려가고픈 셰익스피어와 관련이 있는 스트랫퍼드 어폰 에이번에 도착했다. 버밍엄의 남쪽 약 34km지점인 에이번 강 우안에 있다. 금속 화학 등의 중심 소도시이지만 이보다는 셰익스피어와 관련한 관광도시로 더욱 알려져 있다. 도시 본래의 기능이 바뀐 것이다.

시내에는 셰익스피어가 태어난 집(현재 박물관), 말년에 6년간 살아온 집터(현재 공원), 그의 아내 A.해더웨이와 함께 묻혀 있는 묘지 등이 있다. 대부분은 국가가 19세기에 사들여 보존관리하고 있다. 이 고장에서는 셰익스피어 축제가 열리는 극장(로열셰익스피어극장)은 1875년 건립되었으나 1926년 부속 도서관, 미술관, 박물관만 남기고 모두 불타버렸다. 그 후 1932년 에이번 강 연변에 근대적인 새 극장이 건립되어 지금에 이르고 있다는 설명이다. 당초 시내에 있던 건물은 영국 특유의 목조건물로 남아 있다고 첨언한다.

일행은 발걸음을 재촉한 셰익스피어 도시로 가기 위해 4시간 동안 버스로 달려갔다. 이곳에서 6일째 밤을 지샌다.

## (8) 셰익스피어와 대영박물관

꿈에도 그리던 스트랫퍼드 어펀 에이번 헨리 거리에 위치한 셰익스피어 생가를 만났다. 영국이 인도와도 바꾸지 않으며 자랑스러워 했던 헨리 거리의 셰익스피어 생가는 순수 목조건물이다. 세기의 문호 셰익스피어는 1564년 태어났다. 셰익스피어는 이곳에서 유년과 청년 시절을 보냈고 그의 동생들이 태어나 자란 곳도 이집이다. 부유한 상인의 집안답게 외관은 물론, 내부도 잘 보존되어 있어 16세기의 중산계급의 생활상을 짐작게 하고 있다. 외모는 물론, 내부에서 보는 생가는 우선 목조건물이라는 데서 묵직하며 고전의 건축미가 물씬 풍겼다.

현재 박물관으로 쓰이는 생가는 셰익스피어의 유품과 책, 당시의 가구, 생활용품 등이 전시되고 있어 당시의 용품들에 대한 모습을 보았다. 지금의 생활용품 집이 비교가 안 될 만큼 차이가 있으나 당시로서는 중산층의 생활상 자체는 상당 수준이라는 평가도 있다. 특히 셰익스피어의 작품에 등장하는 꽃과 나무 등 정원의 풍경은 아기자기한 모습에 감사의 목적물이 될 수 있도록 잘 가꾸어져 있다. 헨리 거리는 신 도시의 모습이 아니라 옛 소도시거리를 연상케 하며 재정비의 필요성을 보여주고 있다.

세계에서 찾아온 문인들을 포함한 셰익스피어에 관심이 있는 관광객들이 유리창에 자기 방문 기념의 사인을 해놓은 사람도 있다. 셰익스피어는 자신의 아버지가 고인이 되면서 이 집을 물려받았다고 한다. 모두는 기념사진 찍어대는데 분주한 모습이다. 나라고 해서 예외는 아니다. 일행은 로마시대부터 잘 알려진 온천도시인 배스 지역으로 옮겼다. 18세기에 접어들면서 영국의 부유층이 선호하는 세련된 요양과 사교의 도시로 화려함을 거듭했다는 가이드의 설명이다. 배스는 소설가 토바이어스 스몰렛, 제인 오스틴, 프랜시스 버니, 극작가 리처드 셰리든 등 유명 작가들이 이곳을 무대로 한 작품도 많아 18세기 문학의 무대가 되기도 했다.

세계 7대 불가사의 중 하나인 스톤헨지를 찾았다. 스톤헨지는 거석주巨石柱로 유명한 곳이다. 영국의 에브벨리, 프랑스의 엘라니크의 것과 더불어 장대한 규모의 스톤서클環狀列石의 유구가 있는 것으로 유명하다. 지름 114m의 도량과 안쪽에 만들어진 제방에 둘러 싸여 2중의 고리 모양으로 세워진 82개의 입석이 뽑힌 자리가 있다. 환상열석은 지름이 30m인데 30개의 열석이 늘어서 있고 그 위에 순석楯石을 난간처럼 걸쳐놓았다. 처음 보는 스톤헨지를 보면서 인류역사의 전래와 고고학의 중요성을 새삼 느꼈다.

마지막 코스인 런던의 대영박물관을 보기 위해 중간에 프롬상 우안의 고지에 위치한 도체스트의 17세기 맥주양조와 농축산물, 양 등을 둘러보고 런던으로 향했다.

영국의 마지막 밤인 런던호텔 숙박은 의미가 있다. 호텔의 카페에서 일행 몇 사람과 함께 생맥주 한 잔씩을 하면서 영국여행 중 잔영으로 남는 곳에 대해 환담을 나누었다. 다음날 대영박물관을 찾아 인류사에서 보지 못한 유물들을 볼 수 있어 의미 있는 영국 여행임을 다시금 확인했다. 10일간의 섬나라 영국 여행은 두 번 가지 못할 여행지라는 데서 커다란 의미를 부여하고 싶다.

# 페낭 기행

바다를 마주한 언덕 위의 하얀 고층아파트는 아침 햇살에 반짝거린다. 그림 같은 자연환경에 감탄사를 연발했다. 말레이시아 페낭의 바투 페링기 해변 언덕에 지어진 20층이 넘어 보이는 하얀 아파트는 그림으로 착각할 만큼 아름다웠다. 필자는 지인의 도움으로 4월 14일부터 4일간의 말레이시아 수도 쿠알라 룸푸르와 페낭 지역을 다녀왔다.

쿠알라 룸푸르는 30여 년 전에 다녀온 곳이지만 크게 남을 만한 기억이 떠오르지 않았다. 그러나 이번 여행에서는 쿠알라룸푸르 중심부에 자리한 우리나라 삼성물산과 극동건설에 의해 건설되었다는 높이 452m에 88층의 페트로나스 쌍둥이 빌딩을 보았다. 1992년~1998년까지 6년에 걸쳐 하나는 우리나라, 하나는 일본에 의해 건설된 이 빌딩은 똑같은 설계와 조건에서 한국은 한 달 늦게 착공했지만 준공은 오히려 빨랐다는 가이드의 설명이다.

밤낮을 가리지 않고 세계의 관광객들이 몰려오며 이 빌딩을 보면 쿠알라룸푸르를 다 보았다고 할 만큼 말레이시아 관광 1호 상품이 됐다는 것이다. 우리나라 서울의 남산만큼이나 유명세를 타고 있는 느낌이다. 밤에 본 페트로나스 빌딩은 휘황찬란하다. 몰려든 관광객들은 기념사진촬영에 발 디딜 틈이 없을 정도다. 전국에서 모인 MBI(말레이시아 소재 1백여 개의 회사 그룹) 산하 mfc(광고투자회사) 회원 일행 30명은 MBI 소유 힐톤 호텔에서 이틀 밤을 보낸 뒤 페낭을 향해 버스로 4시간을 달렸다. 고속도로 양쪽에는 말레이시아 정부 차원에서 먼 훗날 석유 고갈에 대비해 심었다는 팜 나무숲이 울창함을 보이고 있어 우리나라 고속도로변의 삭막함과 대조를 이루고 있음을 느낀 필자는 한참 동안 차창 너머 평야를 멍하니 쳐다보았을 뿐이다.

페낭에 인접한 광활한 '소리아' 지역의 새 도시건설을 위한 기초공사가 한창이다. 우리나라 경기도 동탄지역 신도시 건설현장을 보는 듯했다. 세계를 무대로 하는 MBI 소유건설 현장이라는 가이드는 황무지에서 황금을 캐내는 불도저라는 설명이다. 이곳에서 10분 거리에 있는 '데사구'라는 지역에 들렀다. 이곳 또한 MBI 소유로 황무지에 대형 컨벤션 센터와 수족 박물관 등 역시 새로운 도시 하나를 일부는 건설이 끝났고 일부는 현재 건설이 한창이다.

필자는 이곳에 건설된 모두를 둘러본 뒤 같은 지역에 있는 선인장 화원을 찾았다. 주택단지를 배경으로 조성한 널따란 화원은 마치 주택단지의 정원 같은 느낌이다. 일행은 버스로 우리나라 현대건설의 작품인 13km가 넘는 페낭교를 건너 낭만의 도시 페낭에 도착, 역시 MBI 소유인 힐톤 호텔에 여정을 풀었다. 빌딩 숲에서 끝없는 수평선을 바라보며 여유 있는 삶을 즐기는 페낭 시민들에 대한 부러움을 느꼈다. 시가지와 낮은 산 위 언덕의 숲은 자연환경으로 인한 청정지역이요 '낭만의 도시'라는 대명사를 부를 만했다.

낮의 피곤함을 잠으로 풀은 필자는 페낭의 첫 밤을 보내며 아침 햇살에 눈을 뜨자마자 창밖을 보기 마련이다. 차창의 커튼을 밀치는 순간 무슨 지상낙원에 온 착각을 일으켰다. 뒷동산의 울창한 숲속의 언덕에 우뚝 솟은 하얀 고층 아파트, 바로 그 밑에는 해변과 수평선이 시야를 장식한다. 그야말로 파노라마다. 거기에 아파트 유리창은 햇살이 번뜩이고 있어 눈을 부시게 한다. 이것이 천국이요 지상낙원이 아닌가 하는 강한 감성을 뿜어낸다. 시야에 들어온 자연과 인공의 합작인 내 마음의 풍요로움을 감추지 못하고 30여 분 동안 잠자는 수평선 넘어 목선의 황포돛단배를 연상했다.

또한 하루 일정을 보낸 일행인 중 이인순 여사의 안내로 말레이시아에 온 필자는 페낭의 바투 페링기 해변 음식점을 찾았다. 이곳에서 유명한 바다가재(랍스타)와 왕새우(대하) 요리로 하루의 피로를 푸는 시간을 가졌다. 특히 동행한 김청환 선배와 함께 마시는 맥주 한 잔은 페낭의 밤을 한층 업그레이드했다. 그러나 감미로운 이 밤에 칠흑 같은 바다 멀리에서 희미한 불빛만 반짝일 뿐 어둠의 잔치에 시계는 멈추지 않고 있다. 그래도 백사장은 한번 밟아 보자는 젊은 마음으로 돌아가 기념사진도 찍고 모래 위에 발자국도 남겼다. 참새

두 마리가 짝을 지어 지지배배 사랑을 속삭이며 천장과 처마 사이를 나는 묘기를 보이고 있어 시선을 유혹한다. 칠흑 속의 해변에 밀려드는 얌전한 파도는 애조 띤 가락을 연주한다.

말레이시아 수도 쿠알라 룸푸르와 페낭은 아름다운 마음, 사랑하는 마음의 잔영으로 남을 것 같다. 페낭은 밀려오는 사랑의 파도와 함께 찬란함의 인생 여정을 되새기게 한다.

# 장자도 1박 2일

아침 햇살이 떠오른다. 고요한 아침의 장자도는 찬연하다. 동녘의 수평선은 붉은 빛으로 물들었지만 서쪽의 수평선은 은빛으로 물들어 가고 있다. 어느새 불덩이처럼 솟아오른 해는 햇살 하나하나에 인류 역사를 엮어내는 장면을 연출하고 있다. 고군산 장자도의 '섬마을 풍경' 펜션에서 1박한 나는 해돋이를 보려 한 것이 아니고 일찍 잠이 깨어서 바깥을 보니 마치 미국의 샌프란시코의 금문교를 바라보는 느낌이다.

장자도 본 부락과 10여m 거리에 다리로 연결된 대장도리의 산 중턱에 3단계로 지어진 '섬마을 풍경'의 중간에 자리한 펜션 베란다에서 바라보는 풍광은 이국적인 감정을 감추지 않는다. 1월 2일 진동규(시인/전 한국문인협회 부이사장), 호병탁 시인(문학평론가/문학박사), 김익두 교수(전북대 국문과)와 함께 야미도–신시도–무녀도–선유도–장자도의 도로 연결이 연말에 개통됨에 따라 개통 기념으로 장자도를 찾은 것이다.

장자도에는 나와 각별히 지내온 윤갑수(전 군산수협 전무/ 상임 이사) 후배가 운영하는 '섬마을 풍경' 펜션에 투숙했다. 도착한 우리는 윤 후배와 함께 젊은 부부가 운영하는 횟집에서 저녁노을을 맞이하면서 술을 마시기 시작했다. 남편이 직접 바다에서 잡아온 생선을 제공하여 낚싯배에서 금세 잡아 올린 고기를 회로 먹는 기분이다. 윤 후배는 연결도로 개통되기까지의 공사 과정과 숱한 사연을 들려준다. 상당한 양의 술을 마시기도 했지만 물메기, 삼태기, 처음 보는 패류 등을 회로는 처음 먹어 보았다.

생선의 감미로움을 주는 회들이라는 평가를 하고 싶다. 상당 시간이 흐른 뒤 약 7백여m 거리를 걸으며 때마침 보름달이 비춰주는 밤의 장자도와 인근 섬들을 보면서 내 고향인 야미도에 온 기분이다. 보름달속이지만 바다는 칠흑 같았다. 그러나 비록 섬들이지만 인접한 선유도, 관리도, 멀리 방축도, 말도 등에서도 가로등불이 보여 선유팔경의 하나인 '장자어화'가 떠올랐다. 거기에 등댓불도 한몫한다.

조선시대부터 장자도를 중심으로 한 인근에 그만큼 고깃배들이 많이 몰려들어 밤이면 카바이트로 불을 밝혀 이를 가리켜 장자어화 壯子魚花라 한 것이다. 오늘의 군산수협은 일제시대 장자도에 고군산 수산조합이 있었으나 해방 이후 군산으로 이전하면서 군산수산업협동조합으로 성장한 것이다.

아침 햇살과 함께 마주보는 장자도 마을과 선유도 인근 관리도는 가히 그림 같은 풍광의 모습이 몇 번이고 스쳐간다. 선유도와 장자도를 연결한 다리, 무녀도와 선유도를 연결한 다리의 아치는, 장자도 마을의 앞 바위에 올라앉은 푸른 등대, 산세의 수려함 등 나는 이곳을 찾는 수많은 사람들과 함께 공감하는 최소한 오늘의 아침은 평화롭고 자연의 경이로움의 감정을 여지없이 드러내 보인다.

일행은 장자도 한 밤의 역사 속에서 아침 햇살과 함께 새해를 설계했다. 고군산군도의 풍광을 안고 서해바다를 품었다.

# 사라진 당산

마을 뒷산의 울창한 밤나무 숲은 보배로움의 대명사라 아니할 수 없다. 봄에 푸른 옷을 입으면서부터 가을에 옷을 벗을 때까지는 멀리서 보면 수종樹種을 쉽게 알 수 없을 정도로 숲의 잔치를 볼 수 있다. 지금은 새만금사업으로 육지가 되었으나 그 전에는 섬이었다. 전북 군산시 옥도면 야미도리 뒷산의 수려함이다. 이름하여 뒷당산이라 하며 해발은 156m 비교적 낮은 아름다운 산이다. 나는 이곳에서 태어나 초등학교를 다닌 뒤 그리던 뭍의 군산 유학으로 중학교에 진학을 했다. 1950년대에 외딴 서해의 고도 야미도에서 군산으로 유학을 온다는 것은 그리 쉽지 않았다. 섬 고향을 떠난 뒤로는 살지 않고 시간이 주어지면 야미도를 찾곤 했다.

어렸을 적의 추억, 중간 중간에 찾아본 모습, 지금의 야미도는 아름다운 뒷산은 그대로이나 동네와 주변 환경은 너무도 달라졌다. 우선 앞 당산이 없어져 그 자리에는 횟집이 들어섰다. 이 광경을 볼 때마다 땅을 치고 싶은 심정이다. 친구들과 후배들에게 팔지 말고 자연 그대로 보존의 가치가 있음을 수없이 말해 주었으나 혜안이 없는 철부지 행각으로 산은 무너져 옛 정겨움은 증발되었다. 지금의 초등학교 앞 바닷가는 매립되어 차도와 부지가 생겨나고 만조의 밀물 때면 넘실거리며 춤을 추는 파도도 볼 수 없다. 역사의 진화와 함께 야미도 원형에도 진화의 피해(?)인지 발전인지 알 수 없음이 내 마음이다. 야미도는 절묘함의 자연이란 옛 풍광은 분명 변화를 가져온 것은 사실이다. 추억에 남을 뿐이다.

서해 지도에 나오는 고군산 군도의 하나인 야미도는 원래 뒷산에 밤나무 숲이 울창하여 밤섬(율도.栗島)이라 불렀다. 그러나 일본인들에 의해 밤 율 자를 따서 밤 야 자와 맛 미 자를 합쳐 야미夜味도라고 개칭한 것이 오늘의 행정구역상의 이름으로 존재한다. 야미도는 250여 년 전에 김해김씨 외에 허씨와 노씨가 귀양歸鄕살이를 오면서 사람이 살기 시작한 것으로 전해오고 있다.

나로부터 8대조 되시는 분이 야미도에서 살아왔음은 우리 집 족보에서도 확인된다. 귀양을 온 것이 분명하기 때문이다. 이러한 야미도는 이미 자연적으로 뒷산에는 밤나무, 앞산에는 동산 형태로 느티나무가 숲을 이루고 있어 천혜의 절경으로 꼽히고 있었다.

여름에는 마을의 바로 앞산, 뒷산이 있어 이곳은 봄에는 신록의 초입으로 울창하고, 여름에는 녹음의 피서지요, 가을은 오색 단풍, 겨울은 설경으로 수놓은 풍광을 감추지 않는 자연의 섭리현상을 보여준다. 주민들은 오랜 세월의 생활수단인 고기잡이가 유일하다. 바다의 생활을 무사안일과 풍어를 기원하는 앞뒤 산속에 당집을 지어 놓으면서 당산이라 부르기 시작 것으로 전래되어 왔다.

그러나 지금은 앞산 뒷산 모두 당집은 없어지고 앞 당산은 흔적조차 없고 다만 교회가 자리하고 있을 뿐이다. 야미도 역사가 흐트러진 것은 교회가 들어오면서부터다. 수백 년 동안의 주민생활 환경과 어촌마을의 원래 모습은  찾아볼 수 없다. 현재는 특성을 잃은 도시도 아니요 어촌도 아닌 엉거주춤한 마을이다. 매년 추석을 앞두고 조상님 묘소 벌초를 하러 간다. 눈앞에 보이는 마을 앞 당산을 그려보면 그토록 우람한 자연의 풍광을 지울 수가 없다. 한숨 속의 슬픔만이 뇌리에 차오른다.

# 부산 여행

지적인 향기와 포근함은 평화로웠다. 처음 마주한 부산 드림에이스(주) 박재옥 여사장의 첫 인상이다. 나로서는 쉽지 않은 소감이다. 경상도 말씨이지만 듣는 데 거부감 없이 부드럽고 예의 바른 말씨는 몸에 배인 비즈니스가 아닌가 할 정도다. 군산에서 평소 알고지내는 오단비 씨의 안내로 지난 16일 부산여행을 하게 되어 박 사장을 만나게 됐다.

"먼 길 여행일뿐더러 점심시간이 되었다."며 어느 일식식당으로 안내한다. 대형 부동산 회사를 경영하며 아프리카 우간다 지역에 선교 사업을 하고 있다고 소개하며 회사 이윤은 사회사업에 이바지할 계획이라고 밝힌다. 흐뭇한 얘기로 받아들였다.

"어차피 군산에서 부산까지 오시기가 그리 쉬운 일은 아닌 만큼 하루 쉬었다가 내일 가십시오" 하며 "오후에는 박석상 전무가 해운대 등 보고 싶으신 데 안내를 해 드리라"고 부탁을 한다. 나는 하룻밤을 부산에서 보내기로 하고 박 전무와 함께 해운대로 향했다. 광안리 대교와 해운대에 관한 내력, 고층 현대 아파트, 에이픽 정상회담 장소 등을 친절하고 상세한 설명으로 종래 알고 있던 것보다 훨씬 잘 알게 되었다.

해운대 백사장을 지날 때에는 기념사진도 한 컷 했지만 그보다는 백사장에 사람들이 꽤나 있어 보여 해수욕장임을 실감케 했다. 백사장을 지나면서 나는 커피 숍에 들를 것을 주문했다. 해변 가 3층 커피 숍으로 들어갔다. 안락의자에 앉아 부산 앞의 오륙도와 태평양을 향해 바라보는 내 마음은 고요하며 먼 나라에 와서 휴식을 취하는 마음이다. 박 전무는 비교적 젊은 나이지만 회사업무로 한 나절의 시간을 낼 만큼 시간여유가 없는데도 나에게 배려를 한 것으로 느껴졌다. 운전을 하면서 전화로 회사업무처리를 하고 있어 나는 더욱 미안한 마음뿐이었다.

오후 6시가 넘어가고 있어 회사에 가도록 한 뒤 저녁식사를 하러 숙소인 롯데호텔 부근으로 갔다. 호텔은 이미 박 사장이 예약을 하면서 결제까지 모두마친 상태다. 롯데호텔은 부산의 최대 번화가인 서면에 위치해 있다. 다음날 박 전무를 만나자 회사의 경영방침과 현재 진행하는 모든 사업들에 대한 브리핑을 해준다. 나는 그러한 사업 내용을 구체적으로 알아야 할 이유는 없지만 오단비 씨의 근무처인데다 박 사장 판단에 회사 내용을 알리는 것도 괜찮으리라 해서 브리핑을 하는 것이 아닌가 생각했다. 미천한 나에게 그러한 알림을 주었다는 데 대해 감사한 마음에서 내가 박 사장을 위해 도움이 될 일이 없을까 하는 마음을 갖게 되었다.

박 사장은 친절하게도 나를 안내하며 우간다에서의 초등학교(330명 수용), 유치원, 교회 등을 세워주고 직원들과 함께 지난해 현지에서 준공식을 갖는 등 민간 외교활동을 톡톡하게 한 민간 외교관이다.

이러한 사업은 계속하겠다는 다짐이다. 40여 명의 직원과 고락을 함께하며 회사 운영은 이윤추구만의 목적이 아니라 남는 이윤은 인류공영에 해당하는 가난하고 굶주리는 나라에 봉사하겠다는 의지를 보여 나는 감동을 받았다.

연약한 여자의 몸으로 그러한 훌륭한 생각의 의지를 실천에 옮기는 진정한 사회사업가라는 데에 대해 높은 평가를 하고 싶다. 믿음과 신뢰, 그리고 성실하면 무슨 일인들 못 하겠는가라는 굳은 의지는 누구에게나 마음의 평화전도사가 되리라는 사람의 향기에 믿어 의심치 않는다.

박 사장은 박 전무에게 점심때까지 어제 못 가신 곳으로 안내하라는 부탁으로 박 전무와 함께 태종대로 향했다. 어느덧 12시가 넘었다. 나는 부산의 명소인 자갈치시장을 주문했다. 무엇보다 사람 냄새가 나며 서민들의 생활을 보고 싶어서였다. 물론 부둣가의 비린내와 시장 모습 등 여러 가지 보고 싶음의 발로였다. 물론 부산의 꼼장어는 추억에 사로잡혀 있는 까닭에 꼭 먹고 싶었던 생각에서 더욱 가보고자 한 것이다.

사각사각하는 꼼장어 한 점, 한 점 먹으면서 추억을 더듬었다. 소주 한 잔이 생각나서 맥주 한 병으로 박 전무와 나눠 마시면서 자갈치시장의 낭만과 추억을 아로새겼다.

부산의 전철을 처음 타보았다. 부산버스 종점은 노포로 전철의 시발점이기도 하다. 자갈치역에서 전철로 노포종점에 달해 군산행 버스에 승차, 잠시 후 버스는 도로를 질주한다. 맨 앞자리에 앉은 나는 서산에 지는 낙조의 황홀함은 못 보고 둥근 붉은 해만 보였을 뿐이다. 산허리에 앉은 것도 순간, 자취를 감추며 땅거미 선물을 한다. 왠지 쓸쓸함과 허전함이 마음을 저으며 박 사장의 후의와 인생철학과 가치관에 머무른다.

2016.

# 아빠 엄마 건강하게 오래 사세요

"아빠 엄마 건강하게 오래오래 사세요." 이 말에 나는 눈시울이 적셨다. 희수喜壽잔치에서 50된 아들이 부모에게 한 인사말이다. '아빠 엄마'라는 표현에 어렸을 때의 가장 순수했던 그 마음을 읽을 수 있었기 때문이다. '아버지, 어머니 또는 어버님 어머님 하는 등 이렇게 표현하는 것이 연령에 비추어 당연한 표현일 수 있다. 그러나 아들 성권이는 평소에도 '아빠 엄마'로 호칭하기 일쑤다. 부모에 대한 호칭의 표현은 한 점의 티도 없는 순수함에 언제나 다정다감하고 부모를 바라보는 마음의 창에 나는 항상 흐뭇해했다.

2016년은 우리 내외가 77세의 희수를 맞이한 해이다. 아들 성권, 딸 성현, 성진 1남 2녀의 자녀를 두었다. 지금껏 살아오면서 우리 내외를 위한 잔치 한 번 가져본 적이 없다. 지난봄에 자녀들과 함께한 자리에서 "나와 너희들 어머니가 어느덧 77세의 희수를 맞이했다."는 말을 했다. 이 말에 따라 자녀들은 5월 마지막 주말을 택해 《인연》이란 책도 발간되었으니 '희수기념출판회'를 갖기로 합의를 했다. 이에 대한 모든 준비는 자녀들이 맡기로 하고 5월 28일 군산 세빌스 호텔 연회장에서 일가친척과 지인들을 초청하여 잔치를 베풀었다.

이 자리에는 바로 밑 철주 아우(75) 내외를 비롯한 일가친척들과 박형보 시인(전 조선일보 기자), 채규판 시인(원광대학교 명예교수 문단 원로작가), 김남곤 시인(전 전북일보 사장), 이운룡 시인(문학박사, 전북 문학관장), 박순호 시인(원광대 명예교수), 진동규 시인(전 한국문인협회 부이사장), 공종구 교수(군산대 대학원장, 문학박사), 김귀동 변호사(가락 군산시 종친회장), 김천태 족장(대흥산업가스 대표), 문승우 도의원, 호병탁 시인(문학박사, 문학평론가), 김광원 시인(문학박사, 군산문학상 수상자), 서동석 전 군산뉴스 대표이사(행정학 박사), 광주 신현영 시인(광주 무등문학회 회장) 외 5명, 심재기 전주예종 회장(시인), 소병순 한국원로서예가(국전 초대작가, 심사위원), 김용화 전 전북도의회 의장, 송귀봉 교수(군장대학교. 경영학 박사), 김윤태 박사(고려대 교수), 김동봉 전 군산경찰서장, 김정수 시인(군산문협 수석부회장)외 군산문협 회원 등으로 호텔 대형 연회장을 꽉 메웠다.(지면 관계로 참여해주신 모든 분들 일일이 표기하지 못한 점 혜량으로 받아주시기 바랍니다.)

또한 서울 등 참석하지 못한 문효치 한국문인협회이사장, 김기재 가락중앙종친회장, 이승우 군장대학교총장, 문철상 신협중앙회장, 국제펜클럽 손해일 부이사장, 김정진 군산신문회장, 안도 전북문인협회장, 양학규 금융결제원동우회장, 정덕채 검사(대전지검) 등 많은 분들이 화환으로 축하를 해 주었다.

그런가 하면 우리나라 원로시인 최승범 선생님(전북대 명예교수)께서 축하 서한에서 책 《인연》의 표지 〈연리지〉 사진이 멋있고 내용 중 〈손주와의 동경여행〉과 고향 〈야미도〉의 시는 재미있다고 짧은 평을 해주셨다.

소재호 신석정 문학관장(아들 성권 고등학교 선생님)은 《인연》을 숙독했다며 희수에 다다르는 동안 한시대의 풍운아로 사신 인생역정을 큰 그림으로 둥두렷 내신 데 대해 축하를 한다는 내용의 서한을 보내왔다. 이외에도 여러분들이 축하의 서한과 전화를 해주셨다. 특히 서울의 철주 동생의 물심양면의 도움과 애틋한 형제애, 그리고 모든 분들을 생각하면 눈물겹도록 감사함을 느끼며 내 마음을 이 글에 담아놓고 싶다.

참여해 준 모든 분들이 지켜보는 가운데 부모에게 맨 먼저 술 한 잔씩을 올린 뒤 '만수무강'을 축원하면서 '아빠 엄마'로 표현하는 모습에 내 가슴은 뭉클해지면서 눈시울이 적셔졌다. 서울대학교를 나와 공직에 있으면서 모두에게 귀감이 될 만큼 정직하고 책임감이 강하며 창의적인 업무수행을 한다는 말을 전해들을 때 "공직자는 그런 마음과 자세를 가져야 하며 그것이 애국하는 길이다."라고 나는 되뇌인다.

채규판 교수의 축사와 진동규 시인의 발문, 김정수 시인의 축시는 나의 마음을 감동시키며 이날 행사를 오래도록 간직하게 했다. 특히 김 시인의 축시 내용은 나의 인생역정과 철학을 담아내 나로 하여금 김정수를 잊지 못하게 함은 물론, 참여한 모든 분들과 장내를 숙연케 하는 새로운 잔치의 장르를 창출해냈다. 형제자매들과 지인 모두에게 감사한 마음으로 법정스님의 법어인 '산이 날 에워싸고 밭이나 갈면서 살아라 한다.'의 의미를 되새기며 남은 여생이 주어진다면 모두의 귀감이 되도록 하는 마음이다.

2016.

## 장애인들의 문학 광장

비록 정신 장애인들이라 해도 뛰어난 작품성과 글을 쓰겠다는 열정과 성의는 대단하다. 어쩌면 어설픈 문인입네 하는 정상인들이 본받아야 할 일이다. 먼저는 작품성과 관련하여 정신 장애인이라고 하는데 주제의 정체성과 언어구사는 물론, 표현에 있어서의 적절한 단어 사용, 그리고 상상의 나래를 펴 감동을 주고 있기 때문이다. 물론, 모두는 아니다.

글을 쓰겠다는 열정과 문학성을 지니고 있는 장애인들이 나타나고 있다는 사실은 우리 문단에 새로운 이정표 설정을 가능케 해주고 있음을 나는 실감했다.

2016년 6월 9일~10일 전라북도 장애인문학회(회장 윤규열 사회복지법인 규란복지재단 이사장. 소설가)가 주관하는 '제14회 문학, 그 아름다운 이름'이라는 주제의 전국 정신장애인 문학기행 및 백일장이 군산에서 개최됐다. 1박 2일에 걸쳐 군산 리버힐 관광호텔과 군산대학교 황룡관에서 실시한 문학기행과 백일장에 참여한 정신 장애인들은 문학기행 코스로 《탁류》의 배경지 금강의 선상관람과 서천 국립생태원, 채만식 문학관, 근대역사박물관, 은파유원지 등을 돌아보도록 했다.

전국 각 지역별로 선정된 3백여 명은 군산을 돌아보면서 보고 느끼고 스스로가 '시제'를 정하는 자유 제목으로 작품을 쓰도록 했다. 각자가 제목을 정하도록 한 것은 참여자들이 정신 장애인들이기 때문에 정신분석학적 측면까지 고려하여 이들의 작품능력과 정신장애 정도의 검증까지도 관찰할 수 있도록 한 것은 백일장 의미를 한층 높인 것으로 평가할 만하다.

나는 정신장애에 대한 연구를 한 사람도 아니고 이와 관련한 사업을 하는 사람도 아니지만 다만 이러한 소견을 피력하는 것은 이들의 작품을 심사하는 심사위원장역할을 하면서 느꼈기 때문이다.

이날 장원을 한 작품 하나를 소개하면 〈여름〉이라는 제목의 운문을 쓴 강문희 양은 "축 처진 나뭇가지 가만히 보니 대롱대롱 봄이 매달렸네 아직 봄인가 하였더니 선남선녀 옷차림에 매달린 긴 여름이네" 이것이 작품 전부다.

역시 장원을 한 박종선 씨 작품 〈하마〉 한 줄을 보면 "소리 없이 일가를 이루었든 곰팡이 지독한 슬픔의 감옥이었구나"에서 물과 습기의 묘사는 뛰어남을 보였다. 나는 심사평을 하면서 군산에서 매년 개최되는 이 백일장은 정신장애인세계에서도 문호가 탄생되리라는 호언을 했다.

특히 전라북도장애인문학회에서 전국장애인들을 대상으로 하는 백일장을 개최하면서 문학기행을 한 뒤 자유로운 제목을 정해 작품을 쓰도록 하는 것은 장애인들에 대한 배려를 아끼지 않은 것으로 보여진다. 14년의 역사 속에서 심사를 해온 김정수 시인은 "매년 작품이 좋아지는 경향"이라며 "앞으로 상당수 준에 이르게 될 것"이라고 전망한다.

이날 심사발표 전에 대회사에서 윤규열 회장은 "문학은 사람을 풍요롭게 할 수 있다는 확고한 믿음으로 책이 마음의 양식을 키우는 것처럼 작품 쓰기에 지속적으로 노력해 달라"고 당부했다.

이러한 문학행사의 전국대회가 군산에서 개최되는 것은 문학을 통해 군산문화예술의 밑거름을 쌓는 것이라는 관점에서 퍽 다행스러운 일이라 말하고 싶다.

2016.

# 참 좋은 문학기행

파란 하늘은 폭염을 마다하지 않은 군산문인들을 환한 웃음으로 맞이해 준다.

30대에서 80대에 이르는 군산문인협회 회원 남녀 21명은 7월 23일 한 항아리 속의 마음으로 염천을 무릅쓰고 2016년 문학기행 기록을 담았다. 이날은 영상 30도를 넘는 폭염이 쏟아지며 발걸음을 머뭇거리게 했다. 그러나 모두는 문학기행이라는 설렘 속에서 군산을 출발하여 전남 담양의 가사문학관, 소쇄원, 대나무 박물관, 죽록원 등을 눈에, 마음에 모두 담느라 바빴다.

특히 80세에 이르신 소영자, 이양근 선생을 포함한 70대의 원로 문인들은 젊은 문인들의 발걸음에 뒤질세라 부지런한 모습이 역력하다. 일행들은 우선 가는 곳마다 합동 기념사진을, 그중에서도 청사초롱동아리에서 온 여성회원들은 나름의 화합을 다지는 기념사진을 찍어대는 데도 한몫을 한다. 문인의 시선들은 가사문학관에서 작품

한 점, 한 점의 세계를 통찰하는 진지함은 파란 하늘에 하얀 구름 한 점의 동양화다.

광주에서 한 달에 한 번씩 소쇄원 재월당齋月堂을 찾아 가이드 역할을 한다는 한 여성을 만난 일행은 운이 좋았다며 모두 마루에 올라앉아 귀를 기울인다. 그 가이드는 여러 시구詩句 중 친간자미櫬澗紫微를 해설해 준다. 즉 世上間花奔都無十日香何如臨樹百夕對紅芳이라 함에 대한 진귀한 설명이다.

해석 : 소쇄원 해설사 양인용 선생

"세상에 부질없는 화초들이 도무지 10일 동안 향기로움이 없다
어찌 시내에 임한 나무가 백일저녁을 붉은 꽃 대함이 같으리오"

당연히 화초라면 향기가 있어야 함에도 그러하지 못하고 나무가 붉은 꽃을 백일동안 대하는 마음의 뜻이라는 해설이다.

소쇄원에서 한 구절 배운 듯했다. 어느덧 12시를 훨씬 넘긴 시간이다. 쇠머리떡으로 허기를 달랜 일행은 담양의 유명하다는 떡갈비집으로 달려갔다. 나는 시원한 막걸리 한 잔이 생각났다. 몇 사람은 막걸리, 몇 사람은 맥주, 소주 등 취향대로 한잔씩을 기울이며 담소를 나눈다. 참 좋은 자리다 싶었다.

식사를 마친 일행은 가마솥더위에도 모두는 바깥으로 나와 여행의 진면목들을 주고받는다. 내 마음은 흐뭇하면서도 한편으로는 찌는 더위라는 데서 미안함을 벗어나지 못한다. 그러함에도 오후 일정은 마음을 재촉한다. 대나무박물관과 죽록원을 다녀가야 하기 때문

이다.

우리나라 죽세공예의 발전을 한눈으로 굽어보는 대나무박물관은 보는 이들을 놀라게 하는 것이다. 바구니에서 장구통에 이르기까지 웬만한 것이면 모두 만들어내는 기술은 눈을 떼지 못하게 만들어 놓는다. 특히 국제관은 오색찬란한 장식품들이 세계무대에 나가도 손색이 없겠다는 생각이 들었다.

죽록원에 들어선 일행은 땡볕을 우산 삼아 계단을 오르는 모습들은 "그래도 가 봐야지." 하는 마음의 발로는 가벼운 발걸음들이다. 반듯반듯하게 하늘로 치솟은 대나무들은 방문객들을 시원한 댓잎바람으로 맞이한다. 모두는 땀을 식히는 시간이 아까워하는 발걸음으로 사이사이의 길을 따라 잘도 다더니 어느새 계단에서의 방문 기념사진 장소에 모여들었다. 오후 4시가 넘었는데도 그칠 줄 모르는 폭염을 가로지르며 군산을 향한 일행은 담양 땅을 뒤로했다.

2016.

# 은행잎이 주는 심상心想

월악산은 보는 곳에 따라 네 개의 얼굴을 갖고 있다고 한다. 무슨 요술이라도 보이는 것인지. 그것은 아니고 보는 이의 시각에 따라 달리 보인다는 의미라고 한다. 그만큼 특이한 형상을 지니고 있다는 설명이다. 지난 11월 1일 군산 108산사 순례단의 일원으로 월악산의 깊숙한 분지의 자락에 위치한 미륵 세계사를 가게 됐다. 해설사는 월악산은 "천하명산이요 보는 이의 위치에 따라 네 얼굴을 지니고 있어 신통함을 보이는 산"이라고 설명한다.

한마디로 '웅장하며 세련된 매력적인 미모의 여인상'이라는 감정을 준다. 더군다나 오색찬란한 단풍의 물결을 이루고 있어 더욱 매혹감을 던져주었다. 이래서 다시 찾고 싶은 월악산임을 느끼게 한다. 주차장에서 15분가량 걸어가니 미륵세계사 절이 나타났다. 자료를 통해 알고는 있었지만 막상 절에 도착하니 대웅전은 현대식 양철지붕을 한 단층 건물에 부처님이 모셔져 있다. 참으로 초라해 보였다.

옛 명성을 떨친 자국만이 남아있을 뿐 전각은 없고 입상으로 된 부처님이 하얀 얼굴에 고요하고 정이 넘치는 데다 엷은 미소를 짓고 있어 속세의 인간들에게 무언가를 던져주는 듯했다.

천년고찰의 모습은 5층, 3층 석탑과 우리나라에서 가장 크다는 비석의 좌대인 거북이 석조, 4각의 2층 석등 등 석조물들인 전각의 주춧돌만 미륵사지의 흔적을 남기고 있을 뿐이다. 익산 미륵사지보다도 더 넓다는 평가이고 보면 정부차원의 발굴 작업이 한층 활발했으면 하는 아쉬움이 많았다. 그래서 절이 아닌 미륵사지라고 한다.

이를 둘러본 뒤 미륵세계사 위에 위치한 대광사를 찾았다. 약 20분 거리에 있지만 경사도가 약간 있어 내 걸음 페이스대로 올라갔다. 올라가는 아스팔트 도로변에서 잠을 자고 있는 노란 은행잎들이 내 눈을 사로잡는다. 그러나 일단은 대광사에 올라가 한창 공사 중인 석조법당을 둘러보고 대웅전을 거쳐 디시 내려오는데 은행나무는 앙상하고 길옆에는 노란 은행잎으로 장식되어 있다. 이날 그리 멀지 않은 덕주사도 월악산에 자리하고 있어 3군데를 다니는데 모두가 그러했다.

나는 그 은행잎을 보면서 인생 무상함을 느꼈다. 월악산에 벌거벗은 은행나무 봄에 새 생명으로 피어난 파란 잎 여름의 녹음 짙은 자태는 어디로 가고 가을에는 노랑의 극치를 보인 그 찬란함은 어느새 춥다고 잠자러 들어간 것인지 아니면 수명을 다했으니 영면의 세계로 간 것인지 그것도 아니라면 나를 괴롭히고 못살게 하는  인간들이 꼴 보기 싫어서 인지 그것도 아니라면 나의 소중한 생명의 줄기를 너그들 몇몇이 마음대로 휘어잡으려는 독선과 독극물을 먹이려 하여 차라리 이별장 없이 영원히 가려고 한 것인지 이래저래 질곡의 한평생 짧다면 짧은 기간 역사에 맡기고 간다고.

안식처를 찾아 숨을 멈춘 네가 세상 편할지 모르겠다만은…요즈음의 내 마음 그대로다.

'은행잎의 한평생이나 인생의 한평생이나 다를 게 무엇이냐.'는 마음이 나를 우울하게 만들었다. 또한 '요즘의 세상 돌아가는 꼴을 보면 자유주의와 민주주의는 무엇이며 많은 국민이 집권세력에 의해 눈엣가시가 되었으니 이런 놈의 세상이 무엇이냐'는 절벽의 심정이다. 인간은 공수래 공수거이거늘 무슨 욕심, 무슨 화장인가. 욕심도 한계가 있지 도를 넘으면 배 터져 죽고 화장은 나무양판이 쇠 양판 안 되고 과장과 축소는 거짓말이 되는 역사적 교훈이 있다.

"있는 대로 주어진 대로 마음 비우면 충성심도 위대함도 모두가 역사 앞에 당당한 모습이 후대들로부터 추앙을 받는다. 사실을 벗어나면 역사가 용서를 하지 않는다."는 교훈을 다시 한 번 생각하자.

어쩌자고 나뒹구는 은행잎들은 오늘을 사는 나에게 슬픈 역사를 안겨주는지!

2015. 11. 1.

# 정월 대보름

우리 집 거실에서 보는 둥근 보름달. 어둠을 밝혀주며 소망을 담아내는 정월 대보름달. 음력 1월 15일. 티 없는 둥근 달은 최소한 우리 민족에게는 건강함과 소원성취의 대상이다. 예나 지금이나 마찬가지이지만 집안 사람 모두의 건강, 바라는 마음, 만사형통하기를 기도하는 마음이다. 나이를 먹어서인지는 몰라도 유년 시절의 옛 추억이 떠오른다. 서해 고도의 섬, 군산에서 바라보는 고군산군도 첫 머리를 지키는 수문장 같은 야미도가 고향이다.

이곳에서 초등학교 시절을 보내면서 정월 대보름날이오면 옛 세시풍속에 따라 어른들이 하라는 대로 하면서 형들의 흉내를 내는 데 바빴다. 14일 밤에는 잠 자면 눈썹이 희어진다며 잠을 못 자게 하는가 하면 15일 아침에는 오늘 하루에 일도 아홉 번 하고 동네 집들을 돌아다니면서 밥도 아홉 번 먹어야 한다는 것이다. 실제 그렇게 했다.

섬의 특유한 세시풍습은 독특했다. 육지의 농촌이나 도시에서의 풍습과는 다른 면이 많았다. 섬에는 당산이라 하여 산속 나지막한 중간쯤에 신을 모시는 제각(산신각)이 있다. 새해(구정)에 접어들면 동네에서 집안에 임신이나 상喪을 치르지 않은 주민가운데 제주祭主 역할을 하게 할 한 사람을 선정하여 보름날 아침까지 매일 제각을 찾아 정한수를 올리며 동네 안녕과 풍어를 기원하게 한다. 보름날에는 아침 일찍 일행 2~3명이 제주 옷으로 갈아입고 제각에 가서 온갖 정성을 쏟아 참배를 한다. 야미도는 뒷당산과 앞당산이 있어 양쪽을 다녀야 한다.

언제부터인지는 알 수 없으나 지금쯤 생각해 보면 최소한 몇 백 년은 된 것으로 보인다. 그러나 이러함도 1980년대에 이르면서 섬 지역에 따라 미신 타파라는 기독교의 전파 영향으로 없어지기 시작하여 야미도의 경우도 1980년대 말에 접어들면서 그 영향을 받아 결국은 제각은 물론, 그 자체마저도 흔적조차 찾을 길이 없다.

당산의 제사가 끝나면 아침 10경이 되면 비교적 10세 전후의 어린이들이 집집마다 찾아다니면서 찰밥과 나물로 차려진 밥을 먹는다. 이에 어느 집을 가나 "큰손님 오셨다." 하며 밥상을 차려 준다. 오후가 되면 우선 동네 청년들이 풍장을 치기 시작, 세칭 풍장 굿을 치며 집집마다 액운을 내쫓고 풍요로운 한 해를 맞이하라는 소원을 빌어 준다. 바닷가에서는 어른 애들을 포함한 청장년들까지도 종이배를 만들어 바다 멀리 가도록 띄운다. 이것은 풍어를 기원하는 정성들이다. 이 시기에는 고깃배가 거의 풍선(돛단배)이고 기계어선은 없는 실정이다.

또한 근면을 상징하는 소금 장수 흉내를 내기 위해 가마니에 무언가를 담아 동네에서부터 바닷가까지 간다. 귀한 석유를 묻힌 횃불을 돌린다. 풍습에 따른 갖가지 행사를 치른 다음에는 동네 한가운데에 자리 잡고 있는 우리 집 앞마당 마늘밭에 모여 자정이 지나도록 세칭 동네 판굿을 친다. 이 판굿은 샤머니즘의 일환으로 부락의 안녕과 풍어를 기원하는 동네잔치이기도 하다.

이 자리에는 어른 애들을 포함한 부녀자, 동네 노인들까지도 모두 나와 흥겨운 시간을 보낸다. 물론, 부녀들이 준비한 음식상이 차려지고 풍장에 맞춰 노래와 춤은 끝낼 줄을 모른다. 심하면 새벽달을 보면서야 모두는 각자의 집으로 돌아간다. 특히 주민 대부분이 생활수단이 어업인지라 토속신앙의 상징적인 섬 특유의 세시풍속으로 여겨진다.

유년시절의 섬마을 내 고향에서 느껴본 세시풍습과 오늘날의 세시풍습의 진화과정을 생각하면서 거실에서 바라보는 둥근 달은 변함이 없구나 하는 마음이다. 세상살이는 변해도 달과 해는 영원불멸의 자연의 위대함이 새삼 뇌리를 스친다.

# 03

# 봄날은 가고 오네

# 봄날은 가고 오네

칼바람의 혹한에도 봄은 예약되어 있기에 희망이 살아 숨쉰다. 자연의 섭리에 따라 사계절이 뚜렷한 우리나라는 계절의 희망이 넘쳐난다. 겨울이 지나면 봄이 오고 봄이 가면 여름이, 여름 가면 가을이, 가을 가면 겨울이 오는 순환적 계절을 자연은 우리에게 어김없는 약속을 지켜주며 또한 우리는 이에 순응한다.

오늘의 삶을 영위하는 인간들은 이를 바탕으로 영적인 삶까지 설계하며 인간다운 인간으로서의 혼의 영역까지를 소유한다.

천부적인 삶이 있음을 추구하는 것은 인간의 본능을 보여주는 것이다. 이러함은 무엇으로부터도 억압받거나 간섭을 받지 않을 권리를 지녔기에 인간 최고봉의 가치를 향유함을 우리는 추구하고 있다.

그러나 우리들에게는 인간가치의 본류를 벗어나 정신적 혼란과 무언가 밧줄에 얽혀 헤어나지 못하는 현실의 굴레로부터 탈출에 몸부림치는 현상이다.

역사의 질곡은 그때마다 사계절을 바라보면서도 화사한 꽃의 나래를 펴는 희망만이 충만한 봄의 향연을 기대한다. 지극한 소망으로 삼는다. 그러나 오늘의 현실은 칼날의 혹한을 넘나드는 국민적 갈등만이 최고조를 이루고 있다.

우리가 바라는 봄은 하해河海 같은 인간 본류의 흐름을 만끽하며 인간다운 삶의 멋진 모습, 사회적 정의와 진실이 역동적이며 생동감이 넘치는 봄이 오기를 기대하고 있다. 지난 2월 초에 전주한옥마을에서 문예에 뛰어난 친구와 함께 하룻밤을 보냈다. 아침 일찍 일어나 앞마당에 환한 미소를 지으며 나를 반겨주는 매화꽃을 보는 순간 드디어 봄이 내 옆에 와 있음을 확인했다. 불 꺼진 긴 터널에서 헤매며 언제나 이 터널을 벗어날까 하는 묵언黙言에 묻힌 나에게 저 매화는 과연 우리의 봄을 전해 오려나하는 마음 가득했다.

드디어는 새로운 세상의 닻을 올리게 되는 봄은 역사를 바꾸는 벚꽃을 넘어 장미꽃까지 가져다주는 선물을 안겨주었다. 가냘픈 하나의 촛불은 전국의 촛불로 영글어 드디어는 새로운 세상으로 바꾸어 놓았다. 이것이 진정한 봄인가 하며 오늘도 나의 안식처 청암재靑巖齋 오피스텔 창밖의 창공을 바라본다. 윤회輪廻하는 참민주주의 봄과 함께 계절은 우리네 삶의 역사를 안긴다. 봄날은 가고 오며 윤회를 거듭한다. 늘 푸르름의 향연이 넘실거리기를 축원한다.

2017. 3.

## 변산반도

변산반도는 한반도의 명승지요 보물이다. 서해안의 중심에 자리잡고 은빛 찬란함을 뿜어내는가 하면 황홀한 낙조는 환상의 세계로 이끌어내기 때문이다. 우선 백사장의 금빛 모래 해수욕장, 적벽강, 채석강, 내소사, 곰소 젓갈, 직소폭포, 내변산, 외변산 등 헤아릴 수 없을 만큼 국립공원으로서의 맛과 멋이 공존하는 산해절승山海絶勝이라는 자연의 경지를 여지없이 던져주는 오페라의 극치이다.

어쩌다 허전하면 언제나 찾는 변산반도. 확 트인 서해의 부 · 창扶敞 길목의 곰소항 앞에서 칠흑 같은 밤을 밝히는 등대, 바로 그 옆에 텅 빈 뱃전에 쭈그리고 앉아 갈매기 나는 것을 물끄러미 바라보는 어부의 처량한 모습도 조망한다. 특히 변산반도의 해안선 도로는 굽이마다 눈 맞춤을 뗄 수 없는 지경이다. 곰소에는 천연염전이 사람의 생명력에 간을 맞추어 주는가 하면 구수하며 특유의 고리타분한 냄새로 유혹하는 젓갈이 장사진을 이룬다. 젓갈로 전국의 유명세를 톡톡히 타는 재미 보는 현장이다.

인근엔 천년고찰의 향으로 중생들을 기다리는 내소사가 있다. 백제 무왕 34년(633)에 혜구두타惠丘頭陀가 창건하여 소래사蘇來寺라 이름했으나 그 뒤 내소사로 바뀌어 오늘에 이르고 있다. 특히 대웅전의 문살은 뛰어난 평가를 받고 있다. 나는 1년 중 겨울에 눈이 내리면 한 번쯤은 들러 소복이 쌓인 눈과 함께 절의 입구를 거닐곤 한다.

이곳을 지나 굽이굽이 돌아친 해안도로를 따라가면 아담한 모항인 만인의 보금자리가 기다리고 있다. 조금 더 올라치면 우리나라 지리공원인 격포의 채석강이 눈앞에 다가온다.

채석강은 격포항을 끼고 있어 신선한 생선의 먹거리와 함께 채석강은 마력魔力를 힘껏 발휘한다. 굳게 다문 입을 벌리며 와아 하는 감탄사를 연발한다. 언제 보아도 원시시대의 한 장면을 보는 듯하다.

서해안의 두 번째 가라면 서운한 은빛 모래의 해수욕장은 금년에도 전국에서 몰려든 해수욕객들로 하여금 발 디딜 틈이 없을 정도였다. 인산인해 속에 나는 달빛 아래에서 물에 젖은 모래밭을 거닐던 옛 30대에 있었던 추억이 떠올랐다. 다음날 보송보송 말라버린 모래가 악마 같은 밀물이 밀려들어 추억을 그만 삼켜버리는 참상을 당한 감정은 뜬금없이 떠오른 때도 있었다. 몇 년 전 겨울에 적벽강을 찾은 일이 있다. 세찬 바람에도 붉은 색채를 띤 절벽의 바위는 수만 년의 세월을 가리키듯 할퀴고 떨어져 나가고 바윗돌은 잔돌로, 그것도 몽돌로 변화하고 있어 세차게 진화한 모습들이다.

군산에 살고 있는 나는 마음의 공허함, 답답함, 커다란 호흡을 하고 싶거나 군산을 벗어나고 싶을 때면 망설임 없이 새만금 제방을 따라 수려한 변산반도의 해안 길을 따라 한 바퀴 돌면서 나의 존재감을 찾는다. 이 글을 쓰면서 해안도로변 모항 주변의 단지처럼 만들어진 찻집에서 마신 커피 한 잔이 생각난다.

2017. 9.

# 캐나다 심포지엄

숲의 나라 캐나다에서 나뭇잎이 익어가는 가을에 문학도 함께 익어가고 있음을 보았다. 내 마음도 붉은 단풍잎으로 변해가고 있는 감정이다. 나뭇잎 단풍의 절정은 있지만 문학의 단풍잎은 절정의 한계가 없이 그 이상의 무한함을 지니고 있음도 새삼 느꼈나. 지난 10월 21일 캐나다 밴쿠버에서 사)한국수필가협회는 캐나다한국문인협회의 후원으로 제21회 해외 심포지엄을 실시했다. 이 자리에서 이원배 캐나다 문인협회 이사장은 '타국에서 물드는 문학의 단풍잎'이라는 주제발표를 했다.

이 이사장은 숲과 관련하여 1. 숲은 맛있는 물을 인간에게 공급해준다. 2. 잘 가꾸어진 숲은 대기오염을 완화시키고 신선한 공기를 제공한다. 3. 숲은 생태계의 보물창고이다. 4. 숲은 산사태를 예방한다. 5. 숲은 야생동물의 보호자이다. 6. 숲은 시원한 여름을 선물한다. 7. 숲은 거대한 녹색 댐으로 홍수를 막아준다. 이러한 7가지의 숲에 대한 역할과 기능이 인류사회에 공헌하고 있음을 강조한다. 이 이사장은 숲은 인류사회의 공헌에서 그치는 것이 아니라 문학의 원천임도 제시한다.

숲은 문학에 있어서 감성과 감흥을, 그리고 심성을 여지없이 그려 내 보인다는 것이다. 숲이 좋고 자연이 좋아 산으로 바다로 강으로 헤매다 보면 나도 모르게 사계절 따라 숲 속에 묻힌다는 것이다. 필자도 산과 바다를 벗 삼아 계절 따라 한국의 명산은 거의 찾았을 정도다. 그러나 이제는 군산월명공원과 수원지 수변도로 한 시간 거리 산책으로 만족해 한다. 그런 나로서는 이 이사장의 주제발표문이 아니라 밴쿠버를 오면서 비행기에서 내려다본 캐나다는 눈과 숲과 강, 호수 자연의 풍광은 내 마음을 너무 울렁거리게 했다.

특히 캐나다와 인연이 깊은 나로서는 감회가 서리기도 하지만 새삼스러운 캐나다로 여겨지면서 가을의 단풍이 내 마음에 그려진다. 아니, 내가 걷는 문학의 길도 가을의 단풍처럼 익어가고 있는지 의문해 본다. 그렇지만 내가 본 캐나다에서의 한국문학은 홍엽紅葉의 절정을 보이는 성숙한 문학의 촉촉함을 보여주고 있다. 이처럼 캐나다에서 한국문학의 홍엽은 그 중심에 이원배 이사장이 우뚝 서서 자리를 지키고 있음과 동시 그의 주제 발표문에서 얼마든지 찾을 수 있었기 때문이다.

밴쿠버 시내 중심가에 자리 잡은 한인회관 강당에서의 심포지엄 행사는 사)한국수필가협회 지연희 이사장의 나이가라 폭포의 장엄한 눈물이 가슴 벽을 타고 쏟아지는 감정, 그 이상의 애정을 캐나다 한국문인협회 이원배 이사장과 회원 모두의 가슴에 묻어주는 인사말은 캐나다한국문학사에 한 페이지를 장식하게 만들었다. 높이 평가하고 싶다. 이날 한국의 회원들과 캐나다 한국문인회원들과의 교류는 두터운 정의 요람을 만들었고 특히 캐나다 회원들에게 뜨거운 악수는 식지 않으리라 여겨진다.

창작문학이란 무한함을 전제로 자신의 감성과 대상이란 사물을 조화롭고 고도의 형이形而로움을 글로 표현한다는 사실은 그리 쉽지 않은 일이다. 그러나 이번 밴쿠버 심포지엄은 자연의 지상낙원인 캐나다의 빅토리아섬, 밴쿠버, 로키산맥, 토론토와 나이가라 등을 돌아본 나는 자연의 조화로움은 눈을 휘둥거리게 한 것이 아니라 좁은 마음이 너무너무 부족함을 탓했다. 익어가는 가을의 꽃 홍엽처럼 부족하고 미미하지만 더욱 열심히 공부해서 문학의 단풍잎을 만들어야겠다는 각오를 한번 신어 보았다.

2016.

# 세느강 국밥

군산에는 세느강이 있다. 이 세느강변에는 한쪽은 빈터이지만 한쪽은 돼지머리와 내장으로 국밥과 수육을 만들어 파는 음식점들이 식당가를 이루고 있다. 이곳은 금암동 신영동 등 군산의 재래시장 본 터인 '구 시장' 밑을 흐르는 개천이 있다. 이를 가리켜 세느강이라 부르고 있다. 시장 안에는 복개가 되어 있으나 시장을 벗어나면서부터는 복개가 안 돼 옛 한국주정공장(지금은 미룡동 공단으로 이전)에서 흐르는 갈색의 물이 흐르고 있다.

군산의 서민들이 가장 많이 찾는 식당가로 형성되어 있다. 6·25 사변 이후에 군산공설운동장으로 쓰인 곳에 육군 훈련병들이 사용을 하면서 이들 식당가는 하나 둘씩 생겨나기 시작하면서 군인, 서민, 시장 보러 나온 인근농촌지역 부녀자, 농부 등 시도 때도 없이 몰려드는 먹거리 시장이 된 것이다. 그래서 서민들의 애환이 서린 곳이기도 하다.

나는 내 고향 야미도(현 군산시 옥도면) 섬에서 군산육지로 유학을 온 중학교 1학년 학생이었다. 금암동 째보선창 어느 집에 하숙을 하고 있었다. 몇 달 후에 아버지께서 오신 것이다. 일요일인 이날 나를 데리고 바로 그 세느강변의 식당에 가셔서 돼지머리국밥을 주문하신다. 나는 처음으로 아버지와 머리를 맞대고 식당국밥을 먹게 된 것이다.

얼마나 맛이 있는지 뜨거운 줄도 모르고 한참을 먹었다. 내가 너무 맛있게 잘 먹는 모습을 보신 아버지는 "천천히 먹어라."는 말씀을 하셨다. '아버지와 함께' 라는 데서 더욱 감격스러운 마음의 자리였다. 아버지께서는 국밥에 소주 한 병을 드시더니 "잘 먹었다." 하시며 건강하고 공부 열심히 하라는 말씀을 하시며 나를 하숙집으로 보내셨다.

여느 아버지와 다를 바 없는 자식 걱정이시다. 나는 60년이 훨씬 넘는 세월이 지났지만 지금도 아버지를 떠올리게 되면 으레히 그 국밥 사주실 때의 모습이 심장을 이끌어 낸다. 이것이 부정父情인가 하는 생각은 나 자신이 우리 아들을 생각하는 마음과 다름이 없음을 확인시켜주고 있다.

세느강은 지금은 주정공장도 이전을 했고 모두가 덮개공사로 빈터인 한쪽에도 상가가 조성되어 있지만 식당가는 모두가 청결한 시설로 탈바꿈시켜놓아 옛 낭만의 세느강은 안 보여도 그 구수하고 서민들이 즐겨 찾는 추억의 거리 노릇을 톡톡히 해내고 있다. 나는 2천년 전후 10여 년을 특히 정치적 동지, 친구, 선후배들과 함께 단골처럼 다녔다. 수육과 국밥 한 그릇에 막걸리, 소주, 맥주 할 것 없이 마시러 다니는 데 인색하지 않았음을 부인하지 않는다.

군산 시민은 물론, 군산을 아는 사람이면 세느강에서 소주 한 잔 걸치는 멋을 부렸을 것이다. 요즘에는 술을 마시는 데 조심을 하는 형편이어서 못 가지만 마음만은 세느강의 막걸리, 소주 한잔 생각이 안 난다면 거짓말이다. 나의 마음에 아로새겨진 아버지와의 정 어린 국밥 한 그릇, 동지들과 자주 찾았던 추억이 그리워진다. 그래도 가고 싶은 마음에서 오늘은 꼭 가려고 한다.

세느강이라는 닉네임은 일부 낭만과 추억을 그리려는 상념에 찬 청년들과 글을 쓰는 문인들에 의해 파리의 세느강을 닮았다는 점을 부각시켜 붙여진 이름으로만 전해오는 군산의 세느강이다. 나는 1980년대 초 파리를 갔을 때 세느강을 보고 온 일이 있다. 옛날만큼의 낭만은 아니라도 다른 측면에서 찾아지는 낭만의 거리로 다시금 새겨졌으면 하는 마음이다.

파리의 세느강은 그대로지만 군산의 세느강은 시멘트 복개가 추억의 낭만을 벗어나게 하고 있으나 옛 구수한 사람 냄새가 나는 장터인지라 서민들의 새로운 애환을 담아내기를 바라는 마음이다.

2016. 12. 28. 아버지를 그리워하며

# 형제들의 해외여행

## (1) 계림산수

모처럼 처가 4남매(1녀 3남) 부부와 함께 1월 7일 해외 나들이를 했다. 중국 천하의 비경을 자랑한다는 계림을 중심한 양삭 등을 3박 5일 동안 7명이 다녀왔다. 둘째 처남이 지난해 상처를 하여 7명이 된 것이다. 처남댁은 평생을 국악인으로 살아오다 지난해 61세로 갑자기 운명을 했기 때문이다. 사업을 하는 둘째 처남이 모든 경비를 부담하는 여행이다. 나도 매형이라고 해서 기꺼이 동행을 했다. 그러나 윗사람으로서 부담이 안 갈 수 없었다.

남달리 형제애를 보이는 여행인지라 짧은 기간이지만 보람을 느끼면서 의미 있는 여행을 다녀왔다. 이들 형제들은 누나와 함께 때로는 나를 포함하여 국내여행은 다녀보았으나 해외여행은 처음이다. 무엇보다 형제난이 일어나는 집안도 많은데 4남매의 우애를 돋우는 방법으로 여행을 한다는 데서 나로서는 퍽 감사한 마음이다.

인천 국제공항 제1터미널에서 출발 예정시간보다 무려 1시간여 지연되는 바람에 여간 지루하지 않았다. 공항의 화려한 상점마다의 진열품에 아이쇼핑을 하는데도 너무 지루했다. 드디어 아시아나 비행기 편에 탑승한 우리는 그래도 어둠을 헤치며 계림을 향해 출발하는 항공사에 고마움을 느꼈다. 잠시 후 훤칠한 키에 어여쁜 승무원들이 기내식을 배달한다. 배가 고픈 참에 생선도시락에 와인을 곁들여 맛있게 먹었다.

창을 향해 바깥을 보았으나 칠흑세상이다. 결국은 공간 여유가 없는 이코노미석이 좁아 고개를 떨구며  잠을 청했으나 깊은 잠보다는 비몽사몽 끝에 4시간여 만에 계림 국제공항에 도착했다.

형제들만의 그룹 여행이라 현지 단독가이드를 만난 우리는 40여분 시내 중심부에 자리한 이강 폭포호텔에 여장을 풀었다. 새벽에 도착한 우리는 호텔에는 들었으나 사실상 기내에서 1박을 한 셈이다. 약 15년 전에 계림을 다녀온 적이 있지만 너무도 변화를 많이 가져왔다는 전문에 더욱 관심이 갔다. 호텔조식을 마친 우리는 '계림산수갑천하'라는 말처럼 계림의 산수는 천하제일로 당나라 때의 시인 한유는 계림의 풍경을 보고 "강은 비단 띠를 두른듯 하고 산은 벽옥으로 만든 비녀 같구나." 하고 감탄했다는 것이다.

그토록 유명한 계림의 땅을 두 번이나 왔다는 사실에 어느 정도 풍광에 관심을 보일 것인지 의문 속에 호텔 밖을 나왔다.

호텔 마당 앞에 바로 이강의 지류가 흐르고 있다. 전에 왔을 때는 이강 본류만을 보았을 뿐 호텔 앞의 지류 이강을 보니 벌써 가슴이 울렁거린다.

## (2) 이강폭포

5성급 호텔의 조식은 그런대로 좋았다. 어젯밤에 못 본 호텔 앞에 지류로 보이는 강이 있어 가이드에게 물었다. 이강의 지류로 도심을 흐르고 있는데 그래서 호텔 이름도 '이강폭포호텔'이냐고 물었다. 그렇다는 것이다. 비록 지류라 해도 강변엔 앙상한 수양버들 줄기가 늘어져 있다. 봄을 기다리는 모습은 마치 사랑하는 임을 맞이할 태세다. 이강 유람선 선착장으로 갔다.

관암에서 양제 구간까지 약 4km의 강을 따라가면서 양 옆의 산봉우리는 물론, 역시 천하제일이라는 산수에 감탄사가 절로 나온다. 약 3톤 급으로 보이는 유람선은 2층으로 되어 있어 유람객들은 2층으로 올라와 빼어난 산수를 배경으로 기념사진을 촬영하느라 정신들이 없을 정도다. 우리 형제들도 기념이 될 만한 곳이면 빼놓지 않으려 했다. 낙타 등 모양의 봉우리가 계림지역에만 3만 6천여 개가 된다고 한다. 천하의 어느 누구도 눈을 돌릴 수 없도록 시선을 묶어 놓는다. 지나는 곳마다 눈을 뗄 수가 없다. 약 1시간에 걸친 유람은 "와

~~" 하는 소리, "너무 멋있다." 하며 "금강산이라면 몰라도 남한의 백두대간에서는 아무리 찾아도 이런 풍광의 산수는 없다."며 함박웃음들이다.

이날따라 약간의 구름이 쇼를 한다. 햇빛을 보여주었다 감추었다 하는가 하면 봉우리들의 연출 감독을 구름이 한다. 강변의 몽돌들은 검게 빛나는 모습을 하고 있어 금세 집어가도록 유혹하고 있다. 그러나 이는 정부당국의 규제로 반출허용이 안 된다. 그래도 워낙 돌 수집에 관심이 많아 탁구공만 한 것 1개를 주워왔다. 압수당할 폭 잡고.

봉우리마다엔 벌거벗은 돌산이 보이기도 하여 마치 봉우리에 푸른 소나무 속에 바위가 보이는 동양화 한 폭의 그림을 연상케 한다. 곳에 따라선 강변절벽이 간간이 나타나 인위적으로 만든 산이 아닌가 하는 착각을 하게 만들지만 이는 수만 년의 역사 속에서 풍화작용의 덕이라는 설명이다. 강이 흐르는 곳이라 어느 곳은 보를 만들기도 하고 보수도 하는 등 관리에 철저를 기하고 있다. 이강은 물속의 거울이다.

우리는 "진안의 마이산 두 봉우리는 감히 내놓을 수 없다."며 족보도 못 내놓겠다고 했다. 지금도 뾰족한 봉우리들의 전시장 같은 잔영을 지울 수가 없다. 특히 하얀 구름 띠가 봉우리 중턱을 감았다가 어느 한순간에 없어지고 언제 그랬느냐는 듯 엇박자 바윗돌 모습을 드러내 보인다.

'구름이 산인지/ 뾰족한 봉우리가 산인지/ 이강에 비쳐진 그림자 손에 잡힐 듯하다/ 검푸른 이강은 양 옆의 봉우리 얼을 뺀다/ 지구

멸망의 끝없는 세월/ 영원한 사랑이로다'

이강은 도화강과 형제 강처럼 마주하며 멀리멀리 흘러흘러 남해를 향해 태평양으로 춤추러 간다.

이강을 뒤로한 형제들은 관암동굴을 가기 위해 버스로 시가지를 달려간다. 시가지에는 언제부터인지는 몰라도 자동차 도로, 자전거 도로, 인도가 확실하게 구분되어 있어 선진국도로망에 뒤지지 않을 만큼 잘도 만들어 놓았다. 그러나 출퇴근 시간에는 오토바이와 자전거, 자동차가 뒤엉켜 보는 이의 가슴을 조이게 한다. 그러나 "무질서 속의 질서가 유지된다."는 가이드의 설명인즉 "시가지에서는 비교적 큰 교통사고가 없는 편"이라며 다행이라는 설명이다.

그런가 하면 가로수도 대부분 계수나무를 심었지만 주은래 총리가 계림시를 찾았을 때 이강 주변에 가로수가 없는 것을 보고 대나무를 심으라는 지시에 따라 지금은 대나무 숲을 이루고 있다. 내나무가공품은 계림의 특산물이다. 계속되는 대나무 숲을 방치할 수 없게 되자 자연스럽게 대나무를 원료로 하는 갖가지 공예품을 생산 장려하여 톡톡한 주민소득원이 되고 있다는 것이다. 이 지역 농민들은 벼농사 2모작, 과일 1모작, 나머지는 관광사업을 생활 수단으로 삼는다고 한다. 형제들은 관음 동굴에 도착했다.

## (3) 천하절경

이강 뱃놀이에서 바라보는 주변 봉우리들이 펼친 장관은 잔영을 속삭이게 한다. 봉우리 2개가 활 모양을 한 모습으로 마치 남녀가 마주하고 사랑을 속삭이는 연출은 너무도 절묘함을 보여준다. 그런가 하면 가이드의 설명대로 멀리 보이는 봉우리 하나는 마치 아름다운 여인이 툇마루에 누워 하늘을 보며 깊은 상념에 잠겨 있는 그대로다. 불룩 나온 앞가슴에 배는 홀쭉하고 두 무릎은 올린 채 무슨 시름인지 알 수는 없으나 태양을 한없이 바라보고 있다.

수없는 봉우리마다 무슨 사연들이 그렇게도 많은지 온갖 나름의 모양새의 자태는 이강이 안고 있는 풍광천하의 절경이라 하지 않을 수 없다. 이는 곧 수만 년의 역사이기도 하지만 영구불멸로 여겨지는 인간사가 아니냐하는 정념에 젖기도 했다. 자연의 조화가 이루어 내는 신神의 창조로밖에는 답이 없어 보인다. 출발 선착장을 향해 반

환점에 이르자 해는 서산에 천하절경도 좋으나 홍수에 밀린 나뭇가지 사이와 봉우리를 옆에 껴안은 내 모습은 어떠냐는 질투가 절경에 도취된 마음을 곤두박질을 친다.

순간에 피어난 또 하나의 태양이 주는 신의 조화 한 장면을 잊을 수 없게 만들었다. 이것이 위대한 자연의 잔치요 신의 조화라는 사실을 보는 듯하며 역시 인간만사도 이에 벗어날 수 없음을 연상케 한다. 그러면서도 봉우리 7개가 맞붙어 있어 7형제로 불리는 칠성공원도 한쪽 언저리에서 우리도 있음을 보이려 한다. 다시 보아도 이것이 이강의 천하절경의 절묘함이다. 이토록 세계인이 찾아드는 이강은 해발 2,282m의 모아산에서 발원하여 164km를 거쳐 광동성 남해로 흘러가면서 감탄사의 씨앗이 되고 있다.

정념에 묻힌 나는 형제들과 함께 관암冠巖동굴을 찾았다. 염소머리, 석순기둥, 다람쥐, 살아 숨 쉬는 꽃 등과 함께 동굴은 총 3km에 모노레일 12km를 돌아보는 것이다. 대체적으로 동굴이 갖고 있는 점 등은 공통점이 있기도 하지만 이 관암동굴은 관광자원화한 흔적이 두드러진다. 내부는 개발 당시를 최대한 살리면서 너무 짧은 거리에 특이한 동굴이 아니라는 점에서 모노레일을 개발한 것으로 보인다. 모노레일도 동굴 안에서는 1km남짓하며 밖에 시설을 해놓았다. 레일 주변의 중국 농촌현상을 보는 것이 전부인 느낌이다.

이강에서의 감정은 어느새 사라지고 특별한 농촌풍경도 아닌데 이것이 관광인가 싶어  약간은 짜증스럽기도 했다.

그러나 긴 거리의 모노레일을 아내와 함께, 그리고 형제들의 해외

나들이 인 만큼 기쁜 마음으로만 생각하고 이곳에서 산 토종닭에 관암 지역에서 생산되는 술 몇 잔을 곁들여 기분전환을 했다. 따져보면 이것이 관광이다.

## (4) 정상의 12지장

천하명산이요, 천하계림도 얕은 미세먼지에는 맥을 못 춘다. 환상적인 풍광의 절묘함이 엷은 커튼으로 가려져 있기 때문이다. 해발 909m의 요산堯山정상에 곤도라로 올라갔다. 정상에서 보는 계림진경은 비경과 함께 때로는 한폭의 동양화를 보는 운하雲河를 감상할 수 있다 하여 올라간 것이다.

안전성에 약간은 불안감도 없지 않았으나 일단은 정상에 발을 디뎠다. 그런데 계림 시가지에서 이곳까지 약 30여 분을 오는 동안 산중턱에서부터 일정한 시설물들이 보이는데 가이드는 이를 빠트리지 않고 설명을 한다. 공동묘지들이라고 한다. 규모에 따라 치고는 1억, 최하도 몇 백만 원이라는 설명을 듣고 나니 빈부의 격차가 얼마나 무서운가를 중국 땅에서 새삼 실감했다. 요산의 정상에는 12지장이 있으며 문명시조로 일컫는 요제상堯祭床의 동상을 모신 건물이 있다. 이 요세상이 바둑과 시계, 토정비경을  창시한 사람이라는 것이다. 요산이 정상 입구에 있는 나뭇가지마다에는 소원을 비는 빨간 리본으로 온통 꽃밭을 이루고 있다. 정상에서 바라본 사방의 계림은 물안개와 미세먼지 등으로 뒤엉켜 계림시가지에 있는 산봉우리 몇 개가 마치 "거북이 두 마리가 머리를 들고 정상에 오른 모든 사람들을 환영한다."는 모습을 못 보고 하산하는 감정은 너무도 아쉬웠다.

일행은 스케줄에 바쁘다. 이어 계림시 관할인 양삭으로 약 1시간 반을 버스로 달려갔다. 불과 20년이 채 안 된 관광 개발지로 알려져 세계에서 많은 관광객들이 찾고 있다. 우리는 1995년에 발견하여 1999년부터 관광객들에게 선을 보인다는 2km의 은자銀子동굴에 입장했다. 형형의 모습을 드러내 보이는 동굴 안은 심지어 양귀비가 목욕탕으로 사용했다는 등 모습에 따른 갖가지 설들을 만들어 설명한다. 바로 이어 이강漓江 뗏목 체험이라 하여 직경 20cm가량의 대나무를 흉내 낸 플라스틱으로 만든 뗏목을 4명씩 타고 1시간을 간이모터를 이용하여 달리며 얕은 곳까지 다녀온다. 선착장에 매달아 놓은 이런 뗏목은 눈짐작으로도 몇 백 개는 되어 보인다. 지금은 비수기이지만 성수기에는 줄서 기다린다고 한다. 이 뗏목 체험에서만이 볼 수 있다는 중국 인민화폐에 나오는 그림의 풍경을 볼 수 있다고 한다. 가이드의 설명에 따라 그 장면을 보았다. 그만큼 유명한 산수라는 것이다. 야간에만 공연을 한다는 수중 쇼를 못 보았다. 구정을 전후해서 2개월은 공연을 중지하기 때문에 어쩔 수 없다는 것이다. 이곳 양삭을 찾는 관광객은 중요한 코스이지만 뗏목 체험으로 아쉬움을 달래고 양삭에서 1박을 해야 한다. 우리도 발길을 돌리고 호텔로 향했다.

## (5) 세외 도원과 도연명

중국은 역시 대륙이라는 사실을 실감케 한다. 어느 지역을 가나 크고 웅장함을 본위로 함을 느낄 수 있다. 세외도원世外桃源을 찾았다. S자 모양의 용수호라는 호수에서 유람선을 타고 한 바퀴 돌았다. 관광객들로부터 스포트라이트를 받을 만한 곳에 이르면 이 지역에 터를 잡고 수백 년을 살아온 소수민족들의 전통적인 무예를 펼치고 있다. 특히 이들은 젊은 남녀들 10여 명씩이 즐거운 춤의 기교를 보여준다. 날씨 탓인지는 몰라도 어느 한곳에 이르니 그리 크지 않은 복숭아 과수원에 도화桃花가 만발하여 눈길을 빼앗는다.

와족이라 하여 소머리를 숭배해온 한족, 장족, 동족, 요족 등 소수민족 중에서 동족들이 대표적인 전통의 가무극을 보여준다. 특히 동족대가侗族大歌 코너에는 모닥불을 피워놓고 가무를 즐기다가 약간의 추위를 달래가며 휴식을 취하기도 한다. 바로 그 옆에는 장족으로부터 물려받았다는 사랑의 심볼인 수제 공을 만들어 처녀가 배우자로 삼을 청년을 선발하는 방법으로 공을 던져 손에 잡는 청년을 선택한다. 그러나 맘에 안 들면 몇 번이고 던져 고른다는 전통적 관습을 수백 년 동안 내려오면서 평생 사랑할 상대를 고른다는 것이다. 우리 일행 중에는 두 번이나 공을 잡았다.

한 시간 동안 돌아보면서 우리나라의 크고 작은 호수 개발은 어느 정도인지를 생각해 보았다. 외국을 돌아보면서 항상 느끼는 일이지만 우리나라와 내가 사는 군산은 어떠한지를 비교해보는 습성이 나도 모르게 떠오른다. 한때는 군산을 새만금을 무대로 세계적인 이목을 집중시키겠다는 의지가 있었기에 그런 것이 아닌가 싶다.

세외도원 안에는 높은 관직에서 물러나 이곳에 정착하여 전원시작詩作으로 유명한 도연명(陶淵明 公元 365-427: 서기와 동일한 연대)이 살아온 연명산장淵明山庄을 찾았다. 이곳이 바로 말말 듣던 계림의 문학별천지를 창작한 도연명의 창작산실이다. 특히 송재칠 둘째 처남의 경제적 도움과 4남매의 덕으로 도연명이 살아온 집과 작품세계를 볼 수 있었음이 얼마나 고마운지 몰랐다.

대문에 들어서면서 규모에 놀라지 않을 수 없다. 동진시기에 오늘의 중국 전체에서도 전원시인으로 높은 평가에 의해 너무도 유명한 도연명의 집은 창작실, 전시실, 작품을 써야 할 한지까지 직접 만들었던 시설이 지금도 남아 있다. 뿐만 아니라 2층도 있어 1, 2층 모두 도연명의 생애를 실증적으로 작품과 생활 모습을 간직한 채로 관광객들에게 당대의 전원시인이었음을 보여주고 있다. 이러한 모습은 나로 하여금 초라한 무명작가이지만 여생에 대한 깊은 묵상에 잠기도록 했다.

## (6) 사람 사는 세상, 질곡의 잔치

도연명의 집은 1, 2층 본채만 해도 3백여 평이 넘어 보인다. 목조 건물 원형을 보존해 왔지만 매장도 전시 판매를 위한 갖가지 모조품이 그 안에 모두 진열되어 있다. 또한 내부 건축설계가 마치 미로를 지나는 기분이다. 한 시간을 돌아도 세대로 감상을 못한 아쉬움을 남기고 다음 여정인 계림 본 시가지로 다시 돌아왔다.

역시 이강 주변의 얄미울 정도의 인물 조각, 동물 조각 등 오밀조밀하면서도 대국의 정신을 심어놓은 감정을 주는 데 충분하다. 첩채산疊彩山은 중국고유의 묵은 때를 보는 듯하다. 해 저무는 시간이 돌아오자 금탑, 은탑의 현란한 야경은 가까이 가보고 싶은 마음이 절로 나온다. 유람선을 타려는 관광객들이 인산인해를 이룰 만큼 몰려들었다.

우리도 그들의 틈에 끼어 야경을 돌아본다. 역시 한 시간 유람이다. 야간에 전마선 같은 작은 낚싯배에서 가마우지로 고기를 잡는 장면을 감상하게 한다. 고기를 목으로 못 넘어 갈 만큼 낚싯줄로 목을 맨 채로 줄을 잡고 강에 풀어놓으면 가마우지가 고기를 물고 물위로 나온다. 어부는 가마우지 목을 눌러 고기를 빼낸다. 이를 보기 위해 세계에서 관광객들이 몰려든다. 약 15년 전쯤에 이강에서 이러한 광경을 본 일이 있어 새삼스러운 건 아니지만 그때는 크게 실감을 못했다. 그러나 이번에는 낮도 아닌 밤에 4~5척의 배들이 관광객들에게 그 모습을 보여주는 것이다.

이를 본 나는 너무 잔인하다는 생각에 약간의 분노감이 들기도 했다. 이에 가이드는 이강에서의 이러한 모습이 중국전역의 강으로 번지게 되자 동물애호 단체에서 항의가 빗발쳤다. 이 여론을 반영하여 정부차원에서 다른 지역은 일체 못하게 하고 오직 계림 이곳에서만, 그것도 몇 척의 배만 허가를 받아 관광용으로 하도록 했다는 것이다. 그렇다 해도 돈벌이용으로 한 마리의 먹이를 잡은 가마우지는 먹지도 못하게 하는 잔인함은 여전히 머릿속에 남는다. 귀국을 위해 계림공항으로 이동한다.

이번 여행에서 본 젊은 여성들의 얼굴이 곱지 못하고 찌든 모습에 하나같이 검은 인상이 안타까웠다. 이유는 경제적 여유가 없어 화장품 구입을 못하기 때문이라는 것이다. 그래도 도시 여성은 조금 나은 편이다. 아무리 관광지라 해도 농촌으로 갈수록 더한 모습이다. 계림 시가지는 도로 먼지를 줄이기 위해 하루에 세 번씩 살수차로 물을 뿌리고 있다. 또한 관광지 화장실은 3류에 해당하고 호텔이 아닌 일반 식당은 양변기 사용하는 곳은 한 곳도 없다. 옛날 재래식이다.

무릎 오므리고 앉아야 한다. 나라는 대국이지만 화장실은 소국이라고 했다. 다만 어느 관광지 회장실에 쓰인 글귀 하나가 생각난다.

'전진일소보前進一小步, 문명일대보文明一大步'를 보았다. 비록 화장실에 쓰인 글이지만 누구나 한 번쯤은 무슨 뜻인가를 새겨볼 일이다. 비수기임에도 서커스를 보기 위해 극장은 초만원이다. 단원들은 대부분 고아 출신이나 농촌에서 기거를 할 수 없는 아이들이 도시에 나와 선발돼 상당한 훈련을 받고 기량을 보인다는 가이드의 설명이다. 목숨 걸고 사력을 다해 배운 뒤 출연을 한다는 것이다. 한마디로 처량한 삶의 존재이지만 이들은 자기적 존재가 있음에 만족해 한다고 한다.

특이한 현상 하나를 들었다. 요즘 중국 전체인지 계림지역인지는 분명치 않으나 대학교 부근의 호텔이 주말이면 성업을 한다는 것이다. 남녀 대학생들이 짝을 지어 투숙을 하여 결혼 전 생활 경험을 통해 상호 이해력을 쌓아야 된다는 새로운 속성이 판을 지기 때문이라고 한다. 우리나라에도 그런 현상이 없지는 않으나 중국에서 그러함이 빈번하다는 데 놀라지 않을 수 없었다.

아직은 사회주의를 벗어나지 못한 나라인데 가로의 전신주나 일정 장소에서 볼 수 있는 자유, 민주, 법치 등의 구호를 쉽게 볼 수 있다. 머지않아 완전 민주주의국가건설은 미완이나 제3의 이데올로기 사회국가임을 실감케 하고 있다. 몇 번의 중국여행을 다녀 보았지만 이번 형제들과의 여행이 어느 때보다 값진 보람을 느꼈다.

계림의 이강은 영구불멸의 보배요 사람 사는 세상의 질곡의 잔칫상이다.

# 숨죽인 울음바다, 씻김굿

죽은 사람의 혼이 극락세계에 가도록 인도하는 씻김굿의 하나인 길닦음을 보면서 눈물을 수없이 훔쳤다. 구슬픈 가락에 애절한 소리마다 목을 메이게 한다. 무속음악의 하나이지만 원곡의 분위기를 살리기 위해 구음을 사용하여 관중을 숨죽인 울음바다로 만든다. 폐부에서 우러나오는 마음의 발로인 결과는 눈물을 막을 길이 없다. 그래서 손수건을 꺼내들고 옆자리 관람객 모르게  흐르는 눈물을 닦아내느라 혼이 났다.

지난 11월 11일 전주한국전통문화전당 공연장에서 사)한국공연문화예술진흥회 '뫼솔' 공연을 관람한 자리에서다. 이날 오후 3시부터 약 90분가량 〈진도아리랑〉, 〈남원산성〉, 〈성주풀이〉(설안나 외 4명 출연)와 부채입춤(장은실 출연), 판소리 춘향가 중 〈이별가〉(양혜인 명창), 가야금 병창 가운데 단가 중 명기명창, 수궁가 중 고고천변(뫼솔 이사장/명창 송수라), 그리고 마지막에 씻김굿 18가지 중 고풀이와 길 닦음(민속악회 여음 대표 양환호 대금)을 열연했다.

평소 국악을 좋아하는 필자는 국악공연 소식을 듣고 서슴없이 관람을 했다. 출연자 국악인 한 사람, 한 사람이 추임새에 맞추는 몸놀림과 꺾이고 꺾는 고저의 가락은 심장을 에는 듯하면서 감동을 주는 소리의 마력에 의해 때로는 웃고 때로는 울기도 한다. 〈진도아리랑〉으로 취하게 만든 출연진은 시선과 박수 이외의 어느 소리도 없이 숨죽인 듯 경청하면서 가락에 따라 가슴에 와 닿는 장면은 박수갈채를 보내는 데 인색함이 없다.

특히 부채입춤과 춘향가 중 〈이별가〉 대목에 춘향이와 이 도령의 심정을 애절하고도 담백하게 담아내는 대목에 손바닥이 아프도록 박수를 보낸다. 그런가 하면 송수라 명창의 가야금병창으로 단가 중 명기명창, 〈수궁가〉의 고고천변을 부를 때는 고요함 속에 둥근 달이 은빛 찬란하게 호수의 물결을 비치며 넘실대는 모습을 보여 한 폭의 동양화로 나타나 출연자와 관중이 하나가 됐다.

마지막 무대에 오른 씻김굿 고풀이는 죽은 자가 생전에 매듭처럼 맺힌 한을 풀고 자유로운 존재가 되어 저승으로 가기를 비는 의례의 하나이다. 이때 매듭 하나하나가 풀어나갈 때 관중은 한숨과 박수로 환희를 보냈다. 바로 이어지는 길닦음은 하얀 광목천을 무대 양쪽 끝에서 잡고 한 사람이 미니상여를 광목천에 얹고 양쪽을 밀고 다니면서 대금, 무용, 피리, 아쟁, 타악, 징의 여음에 따라 강민지 명창의 소리가 장내를 숙연케 만들었다.

송수라 명창 직전의 친모가 뫼솔 이사장으로 재임하던 지난 2017

년 8월 급서함에 따른 길닦이가 되어 버린 것이다. 이로 인해 여음의 연주자들과 강 명창의 소리는 더더욱 구슬프고 처량하게만 들려 영혼을 극락세계로 인도하는 소리까지 처량하다 못해 청중들은 너나없이 눈물들을 훔치는 모습들이다. 일반적으로 죽은 자의 상여(현대 운구차)가 집 밖을 나서거나 몸담아 있던 곳 등 특별히 생전의 사연이 있는 장소를 들러가기 마련이다. 영혼마저 마지막이라는 미풍양속의 하나로 노잣돈(죽은 자도 저승을 가려면 용돈이 필요하다는 풍습)으로 쓰이라며 부의금을 내놓는다. 이날도 길닦음에서 송 명창의 부친을 포함한 친인척은 물론, 일반관람객들도 무대 위에 올라가 노잣돈을 놓고 내려온다. 뫼솔 연간 운영의 일환으로 '2018년 도민과 함께하는 '민속축제기획공연인데도 관중들의 죽은 자의 명복과 노잣돈을 주는 아름다운 모습은 우리 국민의 '애환의 정'을 아직은 지니고 있음을 확인했다. 살아 숨쉬는 '우리 민족의 혼'에서 필자는 또 한 번 가슴 뭉클했다.

# 봄은 행복의 원천

봄은 희망의 계절이다. 엄동설한을 겪으면서 만물이 소생하는 봄을 기다리는 마음은 행복의 원천이다. 산하를 꽃 단지로 바꾸는 봄만이 아니라 우선 마음이 부풀어 올라 두터운 옷부터 벗어던지고 가볍고 화사한 옷차림으로 변한다.

땅속 깊이에서 엄동설한을 견디어내는 모든 생명체들은 기지개를 펴며 세상에 고개를 내민다. 우리의 근현대사에서도 8 · 15, 6 · 25, 4 · 19, 5 · 16을 지나 민주화운동의 과정에서 온갖 수난의 역사를 보냈지만 국민이 원하는 진정한 봄은 오지 않았다. 드디어는 민주화운동의 벼랑에서 촛불혁명으로 민주 국민 모두가 바라는 진정한 희망의 봄은 우리 곁에 찾아왔다. 이것이 나의 소박한 바람이었다.

젊은 시절 퇴근 후 동료들과 술 한 잔 거나하면 백설희가 부른 애창곡인 〈봄날은 간다〉를 부르곤 했다. 이 노래를 부르는 깊은 마음은 역사의 변곡점에서 새로운 희망을 기대하는 마음에서다. 봄이 가는 아쉬움에서 언제 계절의 봄처럼 국민이 원하고 바라는 봄이 올지, 하는 마음에서였다.

민주시민은 자유, 평등, 정의를 소망하고 있기 때문이다. 30년의 언론인 생활을 하면서도 20년의 정치를 하면서도 오직 국민이 가져야 할 천부의 인권을 보장토록 하는 데 최선의 노력을 아끼지 않았기 때문이다. 자연의 섭리에 따라 살다 보니 어느새 80년 세월이 흘렀다. 덧없는 세월은 '유수 같다'라고 하지만 마음은 항상 청춘인데 몸은 그를 뒤따르지 않는 게 현실이다. 인생의 황혼을 해 질 녘 황홀한 노을에 대해 보는 이에 따라 다르겠지만 대부분은 "황홀함 속의 장미꽃 수술 같다." 하며 아름다움의 극치에 비유한다.

인생 윤회를 생각하면 아쉬움을 생각할 필요가 없지만 생명력을 더듬는 인간이기에 미생물의 한 점에 불과하면서도 오만과 금력과 권력에 얽매이는 존재들로 하여금 속박당하는 세속을 굽어보며 살아오고 있기에 아쉬움이 머리를 짓누르는 경우가 없지 않아 때로는 생의 절벽, 때로는 화마 앞에 있는 마음은 너무도 현실이다.

평소 생활에서 오는 모든 발상은 객관적이고 합리성을 전제로 해오는 과정에서 연령에 따라 변하고 있음도 헤아려진다. 아직도 엄동설한 같은 세상이 남아 있는 현실은 너무나 서글픈 생각으로 나 자신이 원하는 봄날이 오기만을 기다려진다. 그래서 우리들의 희망인 봄은 가지 않고 멈추는 봄이었으면 하는 마음 간절하다.

그러나 봄은 갈 수밖에 없는 자연의 섭리이기에 마음속으로 또는 현실적으로 '봄날은 온다'라는 희망으로 살아가고 싶은 마음뿐이다.

이러한 상념은 내 머리에서 떠나지 않고 있다.

요즘 전국 어느 곳을 가도 산하는 붉게 물들어 있다. 이토록 꽃단지들은 마음을 따사롭게 만든다. 남루한 옷 차림으로 웅크리고 한쪽 구석에 앉아 있는 마음이라면 과연 어떠한 세상이겠는가는 상상도 할 수 없을 것이다. 지금 우리는 진정한 봄이 오는 길목에 있다 할 것이다.

엊그제의 일이다. 친구들과 함께 봄나들이에 나섰다. 벚꽃은 만발해있고 젊은 청춘들은 웃음꽃들이다. 모처럼 해변의 칼국수집을 찾았다. 해물에 막걸리 한잔씩 하자는 것은 거짓말이 되고 얼큰할 정도의 술을 마시게 되자 한 친구의 〈봄날은 간다〉를 한 곡 하라는 주문이다.

서슴지 않고 〈봄날은 간다〉 가사를 '봄날은 온다'로 바꿔가며 끝맺음에 '봄날은 온다'로 노래를 마치자 모두는 박수 갈채다. 우리 모두는 "어두운 터널을 지나 광명을 바라보는 봄날이 오고 있지 않느냐."고 한마디씩이다.

높다란 녹음 숲 속 사이에 비춰지는 5월의 햇빛은 광명이다.

# 달빛에 젖은 전주천

옥수에 몸을 담은 듯 전주천에서 목욕하는 아낙들의 웃음은 전주의 숨결이다. 이곳이 바로 나의 제2고향이다. 여름철 늦은 밤이면 전주천 한벽루 부근을 중심으로 모여든 아낙들은 목욕을 즐기며 웃음꽃을 피운다. 1960년대까지만 해도 볼 수 있었던 정경이 그 이후는 인근의 개발과 인구증가로 자취를 감춰 그 웃음의 멜로디는 들을 수 없게 됐다.

직장이 전주여서 터를 잡으면서부터 30여 년을 살게 되었으니 제2고향이 아닐 수 없다. 전주에서 아들, 딸 둘 등 삼남매를 두었으며 초중고를 모두 전주에서 공부를 했다. 고사동, 진북동 등 전주천을 품에 안고 우리 가족 모두는 전주가 성장한 곳으로 잊을 수 없는 고향이다.

지금도 생각하면 전주천을 바라보며 한벽루 앞 천변의 매운탕집 평상에서 친구, 동료 등 몇 명이서 매운탕에 소주, 맥주, 막걸리 등

주종불사, 두주불사酒種不辭, 斗酒不辭하면서 쉼 없는 술잔을 기울이기에 바빴다. 그만큼 마셨으면 집으로 갈만도 한데 2차, 3차를 다니면서 얼마나 마셨는지 모를 만큼 마셨다. 그리고도 귀소본능에 의해 집에는 잘도 찾아 간다. 지금도 어느 때는 겨울이면 음식점 방으로 들어가 매운탕에 술을 마시던 추억이 되살아나곤 한다.

진북동 살 적의 일이다. 고사동 회사까지 운동 삼아 걸어 다녔다. 봄이면 천변 쪽의 수양버들이 고수 부지에 엎어 있는 듯한 모습에 전주천의 흐르는 물이 반주해 주는 정경은 시 한 수에 수필 한 편이다. 이 즈음하여 매일 같은 시간이 마주하는 아가씨가 여러 번 만나게 되자 나에게 고개인사를 하여 나도 인사를 받아주면서 자연스레 서로 묵례를 하게 됐다. 어느 한 날은 "차 한잔할 수 있느냐."는 말을 해와 "그러자."라고 약속한 뒤 다방에서 커피 한 잔씩을 마시며 편한 마음으로 대화를 나누기도 했다. 차 한 잔 마시는 것은 좋으나 다른 말을 하기에 나로서는 더 이상 가까이할 대상이 아니라는 판단 아래 천변이 아닌 다른 길로 고사동 회사를 다녔다.

아가씨로 인해 천변도로 이용을 안 하는 사이 회사는 금암동으로 이사를 했다. 내가 너무한 일인지 잘한 일인지는 모르나 천변에서 만난 인연을 끊은 것이지만 언젠가 한 번은 추억으로 떠올랐다.

어느 해 여름에는 밤새 폭우가 쏟아져 천변 둑이 무너지기 직전이라며 인근 주민들이 새벽부터 몰려나와 불어 오르는 물을 지켜보느라 가슴들을 조였다. 그러나 다행히 둑 1m쯤 남겨 놓고 물이 빠지기 시작했다.

이를 지켜본 주민들은 "이제 살았다." 하며 한숨을 돌렸다. 나도 한참을 지켜보다 출근시간으로 더 이상 볼 수 없어 회사로 직행했다. 전주에서 30여 년을 살면서 그런 일은 처음이다. 그 뒤로 전주시는 흐르는 물줄기를 잡기 위해 고수 부지와 보를 정비하는 등 상당한 관심을 쏟았다.

전주시는 이를 계기로 상가와 가정집에서 흘러나오는 각종 오폐수처리를 위해 하수종말처리장을 시설해 놓고 천변 둑 아래에 오폐수처리 대형관을 묻어 흐르도록 했다.

이 시설은 수달이 살던 전주천에 오폐수로 생명을 유지하지 못할 정도로 심각해지자 정화사업에 나선 것이다. 그 후 전주천에는 수달은 물론, 각종 물고기들이 서식하는 모습에 시민들은 환호를 보냈다. 전주천은 물론, 주변 한벽루를 비롯한 주요 시설물들은 전주를 대변하는 전주천의 새로운 모습을 보이는 데 손색이 없을 정도다.

그러나 삼천천의 정화작업은 서둘러야 할 것으로 보인다. 이제는 전국의 명소로 자리 잡은 한옥마을과 전주천이 제 모습을 보임으로 인해 전국에서 몰려드는 관광객들로 하여금 호감 어린 전주-완주가 되어야 한다. 이는 도 차원에서 채찍이 필요한 문제로 보인다. 나는 1970년대 중반 여름 찜질더위에 지친 가족, 처가 식구들과 함께 송천동 전주천으로 천렵川獵을 하러 간 일이 있다. 어린아이들은 물놀이, 큰 사람은 물고기를 잡는데 어느새 피리 등 작은 물고기들을 상당히 잡아 탕과 어죽을 끓였다.

10여 명의 가족들은 한더위를 식히며 점심을 맛있고 멋지게 천렵을 했다. 물론, 어른들은 얼음 같은 맥주를 마시며 진짜 피서는 제대로 왔다면서 애꿎은 맥주만 박스로 날아가게 했다. 지금도 한가로이 전주천을 지날 때면 그때의 천렵이 추억으로 남아 한 번쯤 가보고 싶은 마음이다.

특히 진북동 천변에 지어진 거성아파트에서 오랫동안 살아 천변 쪽 밖을 보면 전주천을 보기 마련인데 물이 많을 때는 그대로 전주천다운 모습으로 보이지만 물이 적어 가까스로 흐를 때면 목말라하는 동식물의 생명줄이 뇌리를 스친다.

진북동이 집인지라 다가산으로 새벽운동을 가려면 전주천 다리를 건너야 한다. 하루는 날이 번해질 무렵 다리를 건너 다가산 입구에서 돌부리에 차여 넘어져 바지 무릎 부분이 찢어지는 수난을 겪기도 한 다가산이다. 특히 용산다리 밑에 돈족집을 찾아다니던 기억이 생생하여 얼마 전에는 친구와 함께 다리 옆 어느 돈족집에서 구수하며 쫄깃쫄깃 한 돈족에 소주를 무려 2병씩이나 마시는 술 실력을 보였다. 그렇게 마시면 안 되는 줄 알면서도 아련한 옛 추억담이 그렇게 만들었다.

지금은 군산에서 살고 있지만 전주는 나에게는 제2고향이며 자녀들에게는 진짜 고향이다. 나의 품속에서 전주의 그리움은 언제나 맴돌며 가슴팍에 자리하고 있다. 전주천은 둥근 달이 뜨는 날이면 은빛 옷으로 갈아입고 천년고도의 광채를 뿜어낸다.

## 채만식 문학관

가을의 정취에 채만식 문학관은 더욱 빛난다. 넓은 앞뜰은 누릇누릇하지만 아직 푸른 잔디에 소나무, 수양버들, 거기에 일제의 쌀 수탈 수송수단으로 쓰인 철도, 곳곳의 국화 송이, 훌륭한 정원과 넓은 주차장, 바로 옆에는 금강물이 유유히 흐르고 있다. 이러한 풍광 속의 주인공인 채만식 문학관은 젊은 신사 한 사람이 중절모에 코트 차림, 지팡이를 짚고 미소를 짓고 있으니 그가 바로 채만식이다.

휴일이면 전국에서 몰려오는 남녀 학생(중 · 고 · 대학)은 물론, 일반인들, 특히 문학에 관심이 있는 사람들로 붐빈다. 일제 강점기의 암울한 한 시대를 풍미한 〈탁류〉는 군산을 배경으로 한 작품으로 너무도 알려진 사실이다. 문학관 내부에는 1층에는 로비에 채만식의 인물사진, 작품 속의 이미지와 전시실, 자료보관실 등 채만식을 한 눈에 알 수 있도록 잘 정리되어 있다. 2층에는 영상 세미나실과 휴식 공간이 있어 잠시 머무르기도 한다.

필자는 채만식의 작품세계보다는 주변의 환경과 시설물 관리, 따라서 문학관으로서의 기능 등 관점에서 채만식문학관의 미래지향성에 더욱 관심을 가졌다. 사계절마다의 특색을 자랑하며 이곳을 찾는 관광객들은 채만식이란 작가와 작품세계에 새로운 인식을 얻어가는 모습을 볼 수 있다. 필자는 군산 출신으로서 군산문인협회 회장을 맡고 있기 때문에 보배스러운 채만식 문학관을 관심 있게 보아왔다.

그런데 넓은 정원의 한쪽에 수양버드나무 한 그루가 예사롭게 보이지 않았다. 그동안에는 무심코 다녔지만 금년에는 지난봄부터 나도 모르게 그 수양버드나무가 보였다. 이번 겨울까지 여러 차례 가보지만 우뚝 서서 늘어진 가지의 수양버들 자태를 보이는 것은 봄에는 새싹부터 짙은 초록색을 하던 것이 여름에는 녹음, 가을에는 약간 흐려진 초록색, 지금 한파가 지나가고 눈발이 괴롭혔는데도 가을에 지닌 그 색을 그대로 간직하고 있다. 물론, 그 옆에는 아주 작은 인공 물 구덩이 하나가 있어 충분한 수분 공급이 되어 그럴 것이라는 생각은 가나 그래도 잎 하나 쉽게 떨어질 줄 모르고 원형을 지키고 있다. 이 수양버드나무가 채만식의 작품세계를 그려낸 정신을 보이는 것인가 하는 착각을 일으키게 하고 있다.

필자는 전북일보 취재부장 시절 1984년 8월 2일 군산 월명공원에 '백릉 채만식 선생 문학비' 건립에 일익을 맡은바 있어 문학비 추진위원회 명단 말미를 장식했다. 이를 계기로 채만식 문학관에는 남다른 애정을 갖고 있다. 2016년 현재 111년 군산문학사에 커다란 획을 그으신 채만식 선생은 군산문학과 대한민국의 문학의 상징적 작가로 자리매김하고 있다. '군산문학의 혼' 채만식 선생은 영원하리라.

2016.

# 이희돈의 인생 여정

동안에 초로의 흰 머리카락은 인생 여정의 무정함을 보는 것 같다. 멈춰선 구름도 아니고 바람도 아닌 세월의 민낯이다. 인생은 타고난 성질대로 산다지만 마음의 기로에선 모두를 안고 싶으나 현실이라는 사회는 한쪽을 택하도록 한다. 노악사와 열악한 환경의 사람 사정을 보고 알면 안타까움의 마음이 발동한다. 주머니 사정이 허용하는 범주에서 마음을 표시하는 나눔의 정신이 살아있는 모범 시민이다.

주인공은 군산 출신 이희돈 씨(63). 오늘의 우리나라 3대 재벌처럼 자본주의 국가에서 국가사업의 한 주체가 되어 국력을 보태는 산업역군이 되겠다는 높고 넓은 꿈을 안고 20대부터 재산 모으는 데 주력했다. 전자 판매업에 뛰어들어 30대 초반에 이미 상당한 재력을 모았으나 한순간에 꿈을 좌절시키는 헤어나기 어려운 처지를 당했다. 천지가 무너지고 깊이가 없는 지하에 묻히는 감정은 최악의 비극에서 두문불출하는 마음으로 나날을 보내면서 재기의 꿈을 살리는 재도전의 일선에 나섰다.

그러나 형의 권유로 부산 여객항공사에 취직을 했다. 어언 20년에 가까운 세월이 지나면서 재벌의 꿈보다는 소박한 마음으로 삶의 패턴을 바꾸기로 결심을 하면서 직장을 그만두고 18년 전에 고향 군산으로 귀향을 했다.

정치에도 상당한 관심을 갖고 '의롭게 살아가자'는 20대에 가졌던 마음으로 재벌의 꿈은 사라졌지만 마음만은 의롭고 정의로운 사회에서 자영업으로 얻너지는 이익금은 값있게 쓰자는 결심으로 자선과봉사에도 게으름이 없는 숨은 사회적 일꾼이다.

현재는 인력사업을 하고 있다. 새벽 4시면 사무실 문을 열고 겨울에는 모닥불, 여름에는 사무실 에어컨, 환경에 깊은 관심을 갖고 있다. 그래야 하루 일 거리를 찾는 인부들이지만 단 한두 시간이라도 춥지 않고 덥지 않은 사무실환경의 중요성을 보여주고 있다. 대한건축인력 이희돈 사장은 오늘도 새벽 4시에 출근하여 인부들의 신상을 파악하고 직종에 맞는 작업장에 안내를 해준다. 이 사장은 카자흐스탄, 몽골, 러시아, 베트남, 인도네시아, 필리핀, 중국, 캄보디아 등 동남아와 중앙아시아에서 군산을 찾는 외국인 근로희망자는 무려 70% 이상이라고 설명한다.

이들은 "한국인에 비해 임금엔 정확성을 보이지만 일만큼은 착실하고 자기 임무에 대해 최선을 다하며 한 번 약속은 어떤 일이 있어도 지킨다."는 것이다.

무조건 외국인근로자들에 대해 배타적이거나 불신을 전제로 해서 알선을 하는 것이 아니라 신원조회 등 국내에서의 근로조건이 맞는지 사실 확인을 한 뒤 취업을 알선하면 거의 틀림이 없다고 설명한다. 체류기간에 따라 그 기간만큼 알선을 해주면 고마움을 잊지 않고 군산의 중소기업 사장들에 감사하다는 인사를 빼놓지 않는다고 한다. 이렇게 일하는 보람은 이 사장은 "마음은 소박하면서 사람 냄새가 나는 인력시장을 운영해나간다."고 자신의 의지와 보람을 편다. 외국인 근로희망자들이 군산을 많이 찾는 것은 "항구도시이며 산업체들이 많아 일자리가 많다는 여론에 따라 몰리는 현상"이라고 한다.

운영방법과 근로자들에 대해 진실하고 소박한 마음에서 우러나오는 인간미를 담아내는 역할은 대소간 회사운영자들은 '한 번쯤 귀담아 들을 일이다.'라는 평가이다. 이 사장의 지인들은 하나같이 "현실도 중요하지만 이사장의 굳은 평소 마음을 그대로 보여주는 인간미의 잔치"라고 한마디씩이다.

초로의 이 사장은 평소 피아노 등 음악에 상당수준의 음악 감상 취미를 갖고 있다. 한동안은 김대중 전 대통령 민주화운동에 함께해 주는 등 민주주의 의식에 남다른 관심과 행동에 앞장서기도 했다.

'재벌과 정치' 인생을 꿈꾸었던 이희돈 사장은 "삶을 다할 때까지 재벌은 구름 걷히듯 사라지고 정치는 민주주의 의식이 살아 숨 쉬는 동안 관심을 갖고 음악은 마음의 고향이요, 인생여정의 반주로 삼고 좋은 일 하며 삶의 가치를 찾는 데 최선을 다하겠다."는 다짐이다.

먹구름 걷히고 푸른 하늘 아래 홀연한 마음은 사계절의 꽃으로 수놓은 꽃동산이다.

# 동굴에 연자구燕子口

기암절벽의 신비로움에 제비집이 있다. 2m안 밖의 작은 동굴에서 제비들이 집단생활을 하고 있다. 주변의 산은 석회석이고 협곡에 흐르는 물은 잿빛 석회수가 흐르고 있다. 이렇게 열악한 환경에서 제비들이 생명을 유지하며 번식을 하고 있다는 설명에 놀라지 않을 수 없다.

대만 화련에 태로각협곡이 있다. 장개석이 대만으로 피난을 온 후인 1956년~1960년 사이 3년 9개월에 걸쳐 대만 중심부의 동서 관통로 개설을 한 것이다.

이 공사가 이루어지면서 제비들이 작은 동굴에서 집단 서식하는 사실을 확인하게 됐다. 지형에 따라 몇 백 미터 높이의 절벽이 있는가 하면 1백여 높이의 절벽도 있다. 또한 협곡인지라 계곡에서는 석회수가 끝없이 흐르고 있다. 이런 협곡의 절벽에 20여 개의 동굴이 있다.

어느 때부터인지는 알 길이 없고 다만 도로공사과정에서 도로 중간쯤에서 제비들이 집단 서식한다는 사실을 발견하고 제비 보호에도 대만정부에서 관심을 갖게 되었다고 한다. 60여 년에 이르는 동안 어떻게 살아왔는지가 궁금해 가이드의 설명을 들을 수밖에 없다. 정확히는 알 수 없으나 관광객이 밀려드는 데도 집을 찾는 제비가 있는가하면 낮에는 대부분 절벽을 덮고 있는 산속에서 벌레들을 잡아먹고 사는 것으로 알고 있다는 설명이다.

우리나라에서는 대부분 산속이 아닌 집 처마 밑이나 건물의 모서리 등에 나뭇가지와 흙을 물어다 집을 짓고 한철을 보내는 것으로 파악된다. 그러나 박쥐도 아닌 제비가 짧은 동굴(직경 2m정도)에서 살아가고 있음에 대해 호기심에서 가이드를 귀찮게 한 일이 우습기도 했다.

그런데 계곡안전시설인 철조망에 제비는 물론, 이름을 알 수 없는 색깔을 가진 산새들이 날아들기도 하여 장엄하고 신비스러운 협곡에 새들이 살고 있는 모습에 자연에 대해 새로운 인식도 가져 봤다. 먹이도 먹이지만 제비는 둥지가 있어야 할 텐데 동굴 속에 별도의 둥지가 있는지 아니면 석회석인 돌에서 살아가는지가 더욱 궁금했으나 확인된바 없다는 설명이다.

날쌘 제비는 협곡생활에 적응하여 살아가겠지만 역시 위대한 자연의 품은 삼라만상을 헤아려 안아주는 위력의 헤아림이 자연 아닌가 싶은 마음에 젖었다. 석회석으로 둘러싸인 협곡에서의 제비 생활과 이토록 자연의 위대함에 대한 상념에 젖어 세상이치를 또 한번 배운 게 아닌가 싶었다.

자연의 진리는 무한한 존재일 뿐이며 인간사는 미물의 영장일 뿐이다.

# 04

# 고은 시인을 모셔오자

# 고은 시인을 모셔오자

"군산 출신 고은 시인을 군산으로 모셔 옵시다." 현재 거주하고 계시는 수원에서 인근 주민들의 "고은 시인 떠나라."는 펼침막을 내걸고 몰아내려는 안타까운 처지에 놓여 있기 때문이다. 한국문단의 대표적인 시인이 갑작스레 가시밭에 앉은 상황은 우리 군산시민들의 자존심은 물론, 과연 지금의 고은 시인이 그러한 대접을 받아야 하는지. 참으로 안타까운 일이다.

매년 10월이면 노벨문학상 후보에 올라 국내외적으로 매스컴의 비상한 관심을 모으는 세계적인 문호로 예우를 받아왔다. 그동안의 심사과정의 뒷얘기를 들으면 아슬아슬한 턱걸이로 수상을 못 하는 경우가 많아 한국문단은 물론, 군산시민들을 가슴 조이게 해왔다. 〈만인보〉를 비롯한 단군 이래의 왕족과 4 · 19, 5 · 16. 광주 5 · 18 등 시대의 흐름을 작품세계에 담아 세계만방에 한민족의 역사성에 대한 실체적 사실을 전하는 전령사가 되어 주고 있다. 누가 뭐라 해도 위대한 문학의 역사와 사회적 정의실천을 지키고 계시는 고은 시인이시다. 이에 수원시는 안성에서 작품 활동을 하고 계시는 고은 시인을 찾아 삼고초려 끝에 수원시 광교산 기슭에 20여 년이 지난 헌집을 구입, 8억여 원을 들여 리모델링하여 2013년 8월 이곳에 모셨다. 수원시는 이를 위해 이미 9년 전인 2008년 헌집을 구입하는가 하면 2011년에는 '인문학도시' 건설을 위한 '문화도시' 조례를 제정하는 등 완벽할 정도의 준비를 했는가 하면 고은 시인의 작품 활동을 함에 있어서 쾌적하고 자연을 음미하며 작품세계에 알맞은 환경조성을 해놓은 뒤 모셨다.

수원시는 현재 전기, 수도, 심지어 무인경비시설까지 갖추어 놓고 매년 1,700만 원씩 지원해주고 있다. 수원시의 이러한 방침은 통영의 윤이상, 화천의 이외수, 원주시의 박경리처럼 수원도 고은 시인의 브랜드를 만들어 문화역사의 장소부흥을 하기 위해서였다. 이러함에도 수원시와는 관계없이 인근 주민 6백여 명은 특정인에게 특혜를 준다며 상수원 보호구역인 그린벨트를 해제해 달라고 요구를 하며 "고은 시인 떠나라."고 시위를 하고 있는 현실이다. 이에 군산시는 시차원의 과감한 투자로 군산의 브랜드로 문화역사와 새로운 창작모델의 장르를 펼칠 수 있도록 적극적인 준비를 하여 고은 시인이 고향에서 여생을 보내실 수 있도록 해야 한다.

고향마을에서는 거주에 대해 다소 부정적 견해도 있으나 군산시라는 큰 맥락의 차원에서 수용하는 배려가 필요로 하다. 따라서 군산시 당국은 미룡동 생가 터는 다른 사람이 구입하여 거주를 하고 있어 매도의향을 전했으나 너무 비싼 값을 요구하여 엄두를 못 내고 옆에 있는 고은 시인이 성장한 집터를 약 2억 원에 구입해 놓고 있는 정도에 그치고 있다. 또한 지난 2016년 군산 문화회관의 용도와 관련한 세미나를 갖고 고은 문학관을 만들자는 주장이 제기되기도 했으나 지금껏 결론을 못 내고 있는 것으로 알려져 있다.

또한 군산시는 지난해부터 고은 문화축제위원회를 창립하여 1억여 원의 예산을 들여 백일장 등 몇 가지 행사를 했으나 특정인의 운영독주와 묘를 살리지 못하자 위원장을 포함한 일부 파트책임자들이 사의를 표함에 따라 결국 해산 직전에 새로운 임원진이 구성됐으나 다시 해산되는 악순환을 거듭하고 있다.

시 당국은 금년에도 1억 원이나 확보해 놓은 상황에서 이런 문제점들을 과감하게 새로운 운영방침을 세워 행사를 깔끔하게 치르도록 해야 할 줄로 안다. 문학을 포함한 지역문화 역사창조라는 차원에서 이번 기회에 시민들의 적극적 동의와 함께 고은 시인의 군산시 브랜드화는 물론, 노 시인이 고향에서 여생을 보내실 수 있도록 함이 절실한 기회라고 본다. 신흥동 문학마을조성도 중요하지만 한 차원 높이는 사업인 만큼 군산의 문학단체 등 민간단체만의 능력으로는 어려우니 군산시가 예산타령만 하지 말고 군산시 문화역사창조발전이라는 차원에서 종합적인 계획을 세워 하루속히 서둘러야 할 일이다.

2017. 5. 31.

# 마음에 새긴 中國 古都 楊州

내 마음에 영원히 새겨진 중국 양주 땅이여
당신은 나를 꼭 껴안고 포옹을 해줬죠
양자강을 앞마당 삼아 3천여 년 역사를 지켜오면서
중국의 신 역사를 창조하고 大文豪를 탄생시켰으니
어찌 자랑이 아니겠오.
한국의 군산문인협회와 중국의 양주시 작가협회는
하나의 문학세계 무대에 출연한 사실은 커다란 발걸음입니다.
또한 두 나라의 문학교류는 양국의 우호증진 디딤돌이 되었습니다.

군산문인협회와 양주시작가협회 작가 모두는 앞으로 문학교류를 통해 두 도시의 역사, 문화, 사회상 등 다양한 창작의 작품이 탄생되리라 확신합니다.

양주시 작가협회 杜海 주석님을 포함한 임원여러분들의 따뜻한 환대에 깊은 감사를 드립니다. 따라서 2500년의 전통을 지닌 양주

시가지는 현대적 감각도 중요하지만 고도라는 사실에 더욱 관심이 많았습니다. 특히 옛 상가와 유적과 강을 활용한 양주시의 발달상황 등을 전통적으로 보존시켜온 점은 찬란한 문화역사의 자랑이 아닐 수 없습니다. 참으로 놀라웠습니다.

특히 杜海 주석님의 자상한 안내의 모습은 제 가슴에 와 닿았습니다. 따라서 어느 곳을 가나 시민들의 생동감 있는 활기찬 모습은 앞으로 무한한 발전이 기약되어 있음을 확신할 수도 있었습니다.

이제 두 도시의 작가들은 두터운 우정을 통해 상호 방문과 활발한 문학작품교류는 물론, 양 국가 간의 문학교류로 발전하기를 기대합니다.

오는 2017년에는 우리 군산시를 방문해 주시기를 정중히 초청합니다.

군산시는 금강과 만경강의 두 갈래 사이에 자리 잡은 항구도시로서 서해를 마당 삼아 발전해온 항구도시입니다. 지금은 바다를 간척지화 하여 새만금이라는 거대한 부지를 확보해 세계의 이목을 집중시키고 있습니다.

끝으로 양주시 작가협회 모든 분들의 건강과 행운이 충만하시기를 축원 드립니다. 안녕히 계십시오.

## 바다 코끝을 건드려

호수 같은 바다는 깊은 잠에 빠졌다. 그런데 갑작스레 약간 굵은 이슬비가 잠을 깨운다. 그것도 잠시 건드려 놓고 쉬었다가 또 건드린다. 신경질이 날 정도다.

일기불순의 사연의 섭리이거늘 무엇으로 막겠는가?.

지난 7월 3일 고등학교 선후배 동문 7명이서 매월 만나는 중앙회 멤버들은 전남 신안군 지도읍 바닷가를 찾았다. 민어를 먹으러 간 것이다. 회장인 나는 친구 가족들과 함께 몇 번을 다녀본 적이 있어 민어철인만큼 한 번 가보도록 한 것이다. 이날따라 날씨가 매우 좋은 것은 아니나 비는 내리지 않을 것으로 보고 군산에서 승용차로 약 2시간여를 달려 지도 공판장에 도착했다.

몇 년 전에 비해 공판장 옆에 있는 어시장이 새로 꾸며지는 등 비교적 정리정돈이 잘되어 있어 관광객들이 찾을 만하게 만들어 놓았다. 공판장에는 1m 크기의 민어와 등이 푸르며 은빛깔의 보기 좋은 중급과 새끼병어, 일명 덕재(병어과에 속하는 대형 병어)와 잡어 등을 구경하고 수산시장으로 발길을 옮겼다. 우리 일행은 5kg의 민어와 중급 병어를 구입하여 어느 식당을 찾아가 요리를 부탁했다. 회와 탕 등 몇 가지로 만들어 주는데 1인분 7천 원씩만 계산해주면 된다는 것이다.

얼마나 흐뭇하게 먹었는지 모를 지경이다. 남는 것은 군산으로 가져와 가족들을 초대하여 저녁을 먹기로 했다. 식당에서 1차 점심을 맛있고 멋지게 민어, 병어로 포식을 한 셈이다. 일행은 다시 부둣가 이동식 주점에 앉았다. 나는 지도 앞의 섬들과 무인도, 그리고 잠자는 바다에 어선 한 척이 외롭게 바다를 지키는 파수병을 보았다. 물론, 부둣가에는 밤새 고기를 잡아온 어선들이 즐비하게 정박되어 있으나 바다 가운데의 그 어선한척은 무슨 사연을 담고 외로움을 달래는지 모르겠다.

파라솔 밑에 앉아 술이 오는 동안 지도 앞의 조용한 바다를 바라보면서 왜 이렇게 이슬비가 간간이 오가는가 원망도 했다. 어느 때는 소낙비가 내려 걸음에 훼방을 놓기도 하지만 한편으로는 빗속의 낭만을 즐길 수 있어 그렇게 싫은 것만도 아니다. 그러나 잠에 젖은 바다를 건드리는 비는 분명 정신 차리라는 신호로 받아들여졌다. 그런가 하면 '폭염에 시달린 바다에 열을 식혀주느라 그러겠지.' 하면서 속마음의 푸념을 드러내기도 했다. 그러나 이것이 천지조화요, 자연의 섭리를 인간들에게 깨달음을 보여주는 교훈으로 느껴졌다. 모처럼 만의 먼 길 여행인지라 망망한 바다를 바라보면 어릴 적의 바닷가 장불(잔돌바탕)에서 놀던 추억이 떠오른다.

섬이 고향으로 유년시절을 잊을 수 없는 나는 항상 어머니 품 같은 고향의 그리움으로 바다를 보고 선착장을 보면 언제나 내 마음을 사로잡는다.

오늘도 마찬가지이다. 지도 선창가에서 민어와 병어회에 소주 한 잔 마시는 기분은 무엇으로 바꿀 수 있을 까? 비를 헤치며 군산으로 오는 동안 잔잔한 바다, 코끝의 건드림도 마다하지 않는 바다, 선창가에서의 소주 한잔에 나도 모르게 잠이 들었지만 모두는 추억으로 남는다.

2016. 7.

# 월명산은 군산의 보배

군산 월명공원은 시민의 보배요 황금복지단지다. 월명공원의 풍광은 기본이고 자연재해의 병풍 역할을 해주는 첨병이다. 참으로 소중한 월명산이다. 따라서 30만 시민은 월명공원을 집 앞마당이나 정원쯤으로 마음의 고향으로 아로새기고 있다. 이국 만 리에서 도 군산하면 마음의 '내 고향 군산' 하며 월명공원을 꿰찬다.

그런가 하면 시민의 생명수 역할을 해준 수원지가 있다. 비록 일본인들이 건설을 했지만 인간이 살아가는 데 있어서 위생적인 물의 필요성은 삶의 문화수준을 높여준 즉 한 단계 업그레이드 시킨 것으로 평가해야 한다. 1백 년의 역사를 지녀오는 동안 식수공급(현재는 식수사용 않음)뿐만이 아니라 수변 공간 제공은 월명공원을 자연과의 조합으로 풍광을 한층 빛나게 만들어주었다.

그런데 불청객인 소나무재선충이 몇 년 전부터 정벌을 해와 군산시는 만방의 계획을 수립하여 퇴치를 시도했다. 그러나 날이 갈수록 더욱 번지는 재선충의 활동을 막을 길이 없는 지경에 이르게 됐다고 한다. 이런 현상이 계속된다면 자칫 수려한 월명공원을 붉은 산으로 만들 수밖에 없다는 판단 아래 자식을 잃는 마음으로 원천수단인 베어내는 방법을 동원한 것으로 판단된다.

결국은 벌거숭이가 되는 한이 있더라도 월명공원의 백년대계를 위해 소나무는 아예 없애버리고 시민의 건강을 돕는 편백나무 등 병충해에 강함과 동시 산림자원화가 되기도 하는 수종으로 바꾸는 작업을 지난해부터 시작하여 현재는 거의 수종 갱신은 마무리단계에 있는 것 같다. 이를 놓고 시민들은 "먼 날을 보면 잘한 일인지도 모르겠다."는 긍정론이 있는가 하면 "일시에 민둥산을 만들어버렸다."며 부정적 시각에서 비난을 하는 양론이 있음에 분명하다. 월명공원을 사랑하고 아끼며 내 고향 군산의 명품 월명공원을 자랑하기 일쑤인 필자도 몇 번의 산책을 하면서 곰곰이 생각했다. 결론은 '잘했나'라는 판단이다. 재선충이나 기타 재해를 입히는 어떤 병균으로부터도 두 번 희생당하지 않는 수종으로 백년대계를 위한 작업을 누군가는 해야 할 일이라고 생각한 것이다.

1~20년은 지나야 어느 정도의 숲을 이루게 되는 것은 사실일 게다. 그동안 보기 싫은 모습은 어쩔 수 없다는 아쉬움으로 돌리고 그동안의 모습보다 더 알차고 시민의 휴식공간으로 다듬어지는 기간 동안만 참으면서 지켜보는 혜안이 필요하다는 필요조건을 내놓고 싶다.

이제 군산시가 해야 할 일은 소나무 제거작업을 위해 산의 중간 중간에 작업도로를 만든 것은 무너지지 않도록 관리에 철저를 기해야 한다. 잘못하면 산사태를 당할 수도 있기 때문이다. 이 도로는 산책길로 활용이 되며 심어놓은 어린 나무들은 어린이 다루듯 관심과 정성을 깃들이지 않으면 시민에 대한 배신행위가 된다. 한 그루라도 심은 나무는 내 자식 키우듯 하지 않으면 안 된다는 것이다. 군산시민은 벌거숭이를 보면서 속상해하는 마음이다. 이런 마음을 달래도록 해야 한다는 사실을 직시하고 보답하는 마음에서 잘 자라고 이다음 시민들의 휴식과 안식처가 되도록 하는 데 최선을 다하지 않으면 시 당국은 시민들로부터 호된 질책을 받을 것이다. 월명공원의 백년대계를 위한 리모델링이 성공하기를 바라는 마음뿐이다.

그러나 군산시에는 월명공원이 있는가 하면 고군산군도에 선유8경이 보배롭다.

**선유 8경**

## 시장은 아무나 하나

6 · 13지방선거를 앞두고 도내 기초 단체장을 하겠다는 희망자가 넘쳐나고 있다. 특히 군산의 경우 시의원 몇 번 했다고, 도의원 한두 번 했다고, '나 정도면' 하는 사람들이 많아 시민들은 군산의 미래를 예측기 어렵게 됐다는 판단들이나. 군산을 석성하는 식자층이나 정치권은 물론, 시민들은 심각하다 못해 화살 같은 수준의 여론이다. 보도에 따르면 무려 13명이 넘나들고 있다. 그러나 "군산 발전을 제대로 일구어낼 수 있는 인물이 과연 누구냐"는데 초점이 맞추어져 있다. 현재로서는 각 당의 경선을 통해 한 명씩으로 선출된 후보와 무소속 출마자들과의 경쟁에서 최종적으로 한 명이 시장으로 당선이 될 수밖에 없는 현실이다.

이를 놓고 시민들은 중량감과 경륜, 인간성 바른 도덕성, 지자체간의 치열한 경쟁 속에서 중앙과의 정치적 역량과 함께 개혁성을 지닌 인물을 찾고 있다. 그에 따를 만큼의 후보 예정자가 누구냐는 데서 문제는 심각하다는 지적이다. 물론, 누구라도 당선이 된다면 나름대로의 영향력 있는 시책을 펴서 발전하는 군산을 만들어 낼 수도 있지만 만약 그렇지 못한다면 그에 대한 책임은 결국 "시민들에게 돌아갈 수밖에 없다."는 것이다.

1995년 시장 선거 이후를 되새기게 하는 일이 다시는 없도록 하기 위해 이번 시장선거만은 제대로 하자는 주장들이다. 그러함이 기우일 수도 있으나 현재로선 기대에 못 미친다는 분석들이다.

그러나 군산은 전주, 익산, 어느 지역보다 전라북도를 대표하는 도시라는 사실을 인식하고 어떤 비전에 의한 프로젝트가 필요한가를 먼저 생각해야 한다. 물론, 나름대로의 판단에 따른 비전이 있겠지만 그동안에 나타난 현상과 지역여론들을 종합해 보면 과연 누가 적임자인지에 대해 혼란과 고민에 휩싸이지 않을 수 없다는 평가들이다. 그만큼 인물선정이 어렵게 됐다는 여론이다. 시민들에게는 냉정하고 촛불 같은 심정으로 시정을 꾸려나갈, 그러한 인물을 찾아야 하기 때문이다.

군산은 전주나 익산과는 전혀 다른 차원의 도시라는 특성이 주어져 있다. 한 예에 의하면 군산이 주도해야 할 새만금을 김제나 부안에 빼앗긴(행정 관할권. 현재 소송 중) 상태다. 이러한 현실 타파와 또한 관할권만이 아닌 개발과 관련한 종합적인 새만금사업이 군산의 발전이 아닌 전라북도의 발전, 대한민국인 한반도 발전의 축이라는 사실이 얼마나 중요한가를 터득하고 있어야 한다. 지금 현대 조선소와 대우자동차 문제도 중요하지만 그보다 더 중요한 것이 산적해 있는 게 군산의 현실이다.

그런데 현대조선소, 대우자동차 문제 내용을 앞세워 자신의 정치적 입지를 다지려는 얄팍한 꼼수나 부리는 정치인은 이제 사라져야 한다. 또한 군산은 항만, 산업기지, 항공, 철도 등 사통팔달의 지역적 여건을 갖고 있는 군산이라는 호조건을 충족시킬 수 있는 인물을 시민들은 찾고 있다. 그럼에도 일부 시장 희망 후보군에는 더불어 민주당의 당초 시장 희망자를 지역위원장으로 올리고 자신의 시장 입지를 다지려 했다는 희망자가 있었다는 여론이다. 이는 도당위원장과 무관치 않다는 것이다. 이런 일련의 관계는 특정 지어지는 뉘앙스를 강하게 풍기는가 하면 심지어는 깎아 맞춤식의 지역 조직, 인과 관계 등을 내세운다는 여론도 끊이지 않고 있다.

이는 자칫 시민들을 우롱하거나 특정 정당인만큼 수단 방법을 가리지 않고 공천만 받으면 된다는 셈법을 내세우는 넌센스를 낳고 있음이 사실이라면 과연 그런 사람을 시장으로 선출하겠느냐는 질문을 던지고 싶다. 최소한 군산시장은 전라북도 도지사가 갖는 전북발전의 비전과 프로젝트를 제시할 만큼의 역량이 있어야 한다. 이는 두말 할 나위 없이 군산발전의 축은 전북발전의 축이요 한반도 산업기지의 역할, 생산, 물류보관, 운송 등, 육·해·공 전진기지의 당위성을 실현해야 할 정치, 경제, 사회, 문화 등 걸쭉한 인물이 탄생되기를 시민들은 희망하고 있기 때문이다.

군산의 이러한 현실적 상황과 군산이 안고 있는 비전을 실현시킬 더불어 민주당의 지역위원장은 어떤 구상을 하고 있는지는 알 수 없으나 시장 후보군들보다 더 멀리, 더 깊이 헤아리는 역할이 중차대한 일임을 깊이 인식해야 한다고 본다. 다시 강조하건대 친소 관계나 특정 지어지는 세력의 역할론에 머무를 일이 아니고 과연 어떤 인물이 군산의 시장다운 시장, 시민들로부터 존경받을 수 있는 시장, 단순한 정치적 소신이 아닌 문턱 없는 시장으로서 시민들의 등 다습고 발전이 보이고 인간다운 인간성, 도덕성이 바른, 그러한 시장을 골라내야 하는 역사적 소명이 주어져 있다.

이것 또한 촛불혁명이 탄생시킨 성공한 대통령, 나라다운 나라, 사람을 우선시하는 문재인 정부의 국정철학에 부응함은 물론, 30만 시민의 얼굴이 곧 군산 시장의 얼굴이기 때문이다.

"시장은 아무나 하나"

2018. 4.

## 오만과 실패의 차이

지금 더불어 민주당은 국민지지율이 고공행진을 하고 있다. 하늘 높은 줄 모르고 치솟는 형국이다. 그러나 국민의 심판은 현명하다. 민주당의 모든 정책들이 국민의 마음에 쏙 들어서가 아니다. 촛불민심으로 문재인 대통령을 만들어 낸 네 대한 국민의 보상이다. 취임 1주년이 지나면서 국민의 볼멘 목소리도 터질듯 한 한계를 가져온 문제도 없지 않았다.

그러나 보수정권들의 억겁이 판을 치는 세상을 겪었기 때문에 이제는 "사람다운 사람, 세상다운 세상, 사람이 먼저다."는 등 인간의 가치를 누릴 수 있다는 세상을 맞는데 따른 포근함의 발로가 아니겠는가 싶다. 1년이 지나는 과정에 평소 민족의 염원인 남북통일과 휴전협정을 평화협정이요, 38선이 무너지고 평화와 번영이 넘실거리는 한반도를 만들어내자는 의지를 갖고 살아온 문재인 대통령이다. 문 대통령은 통 큰 정치를 통해 지긋지긋한 안보정치를 평화정치로 이끌어 내자는 정치철학을 실천해 보이고 있다.

문 대통령은 김정은 북한 국무위 위원장과 '판문점 선언'을 통해 양쪽 고위급 회담, 군장성급회담, 적십자회담 등 그야말로 남북한은 평화와 번영, 남과 북이 있을 뿐이지 적대 적을 완전 소멸시키는 단계에 다다르고 있는 게 현실이다. 또한 세계사적에 커다란 획을 긋는 북미간의 협상은 비핵화의 영구말살과 나아가 남·북·미 3국의 종전선언, 북한의 체제보장 등 피스톤 돌아가듯 한다. 이와 관련해 확실한 운전자론에 의한 주도적 국제정치의 심볼 역할을 하고 있음에 국민들은 더불어 민주당에 튼튼한 울타리 역할을 잘하라는 격려와 믿음을 주고 있다는 사실에 올바로 직시해야 한다.

이번 6 · 13지방선거는 문대통령에 대한 평가와 21대 총선에 집권여당으로서의 제 기능발휘를 할 수 있을 의석확보여부가 판가름 난다. 집권여당이면서도 의석 부족에서 오는 비참함은 문 대통령이나 더불어 민주당이 어떤 처지에 있는지는 불문가지이다. 그만큼 중차대한 6 · 13지방선거이다.

물론, 야권의 올바른 지적과 정책대안을 제시하는 경우도 있다. 그러나 트집 잡기라는 비난도 만만치 않다. 이쯤이면 국민들의 마음이 어디에 있는가를 헤아려야 한다. 마치 더불어 민주당 공천이면 무조건 당선이라는 셈법은 국민의 권리행사에 김칫국부터 마시는 꼴이 될 수도 있다는 것이다. 현재 더 민주당 공천자들은 너나없이 국민의 마음에 파고들어 고개 숙이고 겸손과 자기적 정치소신에 따른 지역발전의 기수가 되겠다는 겸허한 자세 속에서 6 · 13선거를 치를 각오부터 세워야 한다. 이제 10여 일밖에 남지 않았다. 오만함은 곧 실패의 어머니라는 사실을 염두에서 떠나보내면 안 된다. 모두는 지방발전과 나라발전, 그리고 모처럼만에 "사람이 먼저"라는 진정한 민주주의 국가건설에 앞장서자는 것이다. 따라서 큰 틀에서 남북의 평화협정으로의 발돋움은 국민의 염원이라는 사실에 입각하여 문재인 대통령의 정치철학이 실현되도록 한 알의 씨앗이 되겠다는 각오는 곧 자신들의 정치철학이기도 할 것이다. 나의 승리가 아니라 민주주의 승리로 문 대통령 국정운영의 바로미터의 주인공이 되도록 해야 한다. 오만의 셈법은 자살행위이다.

## 대통령 공약은 국민과의 약속이다

대통령후보당시 국민을 대상으로 한 공약公約은 국민과의 약속이다. 대통령에 당선되어 임기 동안 공약을 지키지 않는다면 국민을 속인 사기행위이다. 당선만을 위한 공약空約이라면 엄격한 의미에서의 형사 처벌 대상이다. 그러나 선거에서의 약속이행은 당연하면서도 안 지킬 경우 국민적 대응보다는 "거짓말하는 대통령"쯤으로 치부하고 만다. 이러한 문제는 비단 대통령만이 아니라 정치적 선출직 대부분도 그 대상이다.

그러나 모든 공약公約에는 우선순위가 있다. 시급성을 요구하는 것이 있는가하면 연차적으로 진행하는 경우 등 기간조정을 요구하는 공약사업들로 구분할 것이다. 문재인 대통령은 후보당시 전북을 찾아 호남이라는 권역으로 전남북, 광주를 대상으로 모든 정책수립을 하다 보면 전북이 소외된다는 사실에 깊이 인식하고 전북권을 독립으로 구분하겠다고 약속했다. 당시 전북과 관련한 공약 가운데 군산과 관련한 것은 첫째 인구와 경제의 틀을 파산에 접어들게 한 현대중공업 군산조선소에 본사의 방침에 따라 선박 수주를 끊어버리는 사태에 대해 당장 풀도록 하는 정상화 문제를 공약으로 내세워 시민들의 환호를 받았다. 현대중공업은 정몽준 회장이 대통령 출마를 전제로 한 전북권 민심을 잡으려는 속셈으로 군산조선소를 건설하여 운영을 해왔음이 정설이다.

대통령 꿈을 접은 정 회장은 이제는 별 필요치 않다는 판단 아래 아예 군산조선소를 폐쇄하려는 계획 아래 관련 하청업체들을 포함한 5천여명의 근로자들이 군산을 떠나게 만들고 있는 게 현실이다.

한동안 군산시민들에게 삶의 희망과 경제 살리는 초석으로까지 기대한 현대중공업의 폐쇄 조짐은 전라북도 차원의 선박수주로 전북을 살리는 차원에서 정상운영을 범 도민들은 갖가지 방법을 동원하는 등 이 시간에도 정상화를 촉구하고 있다. 그럼에도 현대중공업은 끄떡도 하지 않고 있으며 다만 문재인 대통령의 군산조선소 정상운영의 공약公約만을 기대하고 있음에 그치고 있다. 이는 군산시의 생존에 관한 문제로의 위기상황임을 문재인 대통령께 긴급대책의 현실화를 촉구한다.

둘째는 새만금과 관련하여 새만금청이 있으나 청와대에 새만금 전담부서를 두고 대통령이 직접 챙기겠다고 공약公約했다. 문 대통령은 당시 새만금의 발전은 예산집중지원과 개발 속도를 지적하며 빠른 기간에 개발 완료를 다짐했다. 그러나 청와대 기구를 보면 새만금과 관련한 부서신설은 거론조차 안 되고 있는 상황으로 알려져 분명하게 밝혀야 할 사안으로 지적하지 않을 수 없다. 다만 이낙연 국무총리 후보자가 총리로 취임을 하면 전북에 들러 전북의 공약사업을 밝히겠다는 언질이 있을 뿐으로 "청와대가 아닌 국무총리실로 한 단계 내려오는 게 아니냐."는 의문을 갖게 하고 있다. 총리에게 미룰 일이 아니라 문 대통령이 직접 밝힐 것을 촉구한다.

전북도민들은 전국에서 가장 높은 64.84%의 지지를 보내는 쾌거를 날렸다. 이제 취임 직후지만 이같은 고언苦言을 하는 필자를 포함한 전북도민들은 문 대통령의 "나라를 나라답게"라는 통치철학을 되새기며 송하진 전북도지사를 포함하여 문동신 군산시장 등 도민과 군산시민들은 목 놓아 "전북과 군산을 살려 달라"는 부르짖음이 메아리로 끝나지 않도록 하기를 바란다.

2017. 7. 15.

# 수필의 날이 안겨준 영원한 군산

1.

전국에서 모여든 수필인들은 군산에 새로운 문학의 씨앗을 뿌렸다. 한 사람 한사람의 아름다운 마음에 '영원한 군산'이라는 장르로 새겨진 무늬는 끝없는 시해의 수평선처럼 펼쳐질 것이나.

지난 4월 29~30일 2일 동안 제16회 수필의 날 운영위원회(위원장 지연희 한국수필가협회 이사장)는 군산 예술의 전당에서 본 행사를 개최하고 일본의 쌀 수탈 현장인 군산이라는 질곡의 역사를 돌아보았다.

서울을 중심한 전국 각지의 수필인 5백여 명은 첫날 항도 군산을 찾아 매년 겨울이면 수백만 마리의 가창오리 등이 찾아드는 철새의 군무현장인 금강하구둑 철새조망대를 돌아본 뒤 우리나라 문학의 역사 중심을 지키고 있는 백릉 채만식 문학관을 조명했다.

백릉이 인생의 희비 속에서 수려한 문장으로 일제강점기의 군산을 무대로 빚어지는 사회적 현상을 잘 그려낸 〈탁류〉 외 1천여 전시 작품을 보고 채만식의 문학세계를 짚어 보았다.

이들은 군산의 특산품으로 알려진 '(유)내 고향 씨푸드' 직영점 계곡가든에서 맛깔스럽고 특유의 맛을 자랑하는 특허음식인 꽃게장으로 오찬을 즐기며 "어쩌면 이런 꽃게장요리가 있느냐."며 감탄의 한 마디씩이다. 흐뭇한 표정들이다.

쌀 수탈현장인 구 항만 구역에 위치한 근대역사박물관을 관람한 문인들은 군산의 근대역사의 현장을 확인하면서 "사실"이라는 인정 속의 동의와 "저럴 수가 있느냐."는 부정의 두 갈래로 보는 견해들이다. 그러나 "이러한 역사가 바로 우리의 근대문화역사"라는 데는 인식을 같이하고 있다. 특히 항구도시라는 특성을 새롭게 인식하며 "실감나는 현상을 본다"는 의견들이다.

이곳에서는 충분한 시간을 갖고 항만 부잔교를 비롯한 당시의 군산세관, 조선은행, 철도시설, 미곡창고 등 시설물과 부근의 환경까지도 돌아보았어야 하는 데도 그러하지 못한 점은 못내 아쉬움으로 남았다.

이곳을 벗어난 문인들은 군산의 대표적인 일본식 가옥을 돌아보았다. 70대 이상은 이런 형태의 일본식 설계의 가옥들을 보아왔지만 군산의 개항과 함께 부富를 누리던 일본인들은 전형적인 일본 본국의 건축양식을 살리면서도 "지배계급의 내부시설에 놀라지 않을 수 없다."고 한다.

오후 4시부터 시작한 본 행사는 문동신 시장을 대리한 김양원 부시장과 (사)한국문인협회 문효치 이사장, (사)국제펜클럽 한국본부 이상문 이사장 등 한국문단의 대표적 인사와 전북의 전북일보 전 사장 김남곤 전북수필가협회고문(시인) 등이 참석 '수필의 날'을 축하했다. 수필의 날을 총 지휘한 지연희 운영위원장(한국문인협회 수필분과 회장)은 인사말을 통해 "한국수필문단의 역사를 군산을 중심으로 새로운 지평선을 열어가자."고 강조했다.

1박을 하는 문인들은 군산의 밤거리 시가지를 돌아보며 일본식 가옥들이 아직도 곳곳에 남아 있는 흔적들을 보면서 옛 군산의 일본식 거리와 지금의 변화된 시가지를 비교하면서 일본인들이 활개치는 모습을 연상했을 것이다. 또한 금암동 째보선창을 아는 문인은 선창가 앞 금강하구에 있는 등대의 깜빡거리는 불빛을 보면서 이곳이 바로 군산의 뱃고동소리를 울리며 비린내 나는 어시장(경매장) 정경의 무대라는 사실도 알았을 것이다.

일행들은 조식 후 일본식 사찰로 유명한 동국사를 관람한다. 당시 조선총독부의 불교문화까지 식민지화하려는 획책의 일환을 실감하면서 대웅전 앞마당 한쪽에 만들어진 위안부 소녀상을 보면서 일본의 만행을 "이놈들" 하면서 분노하는 모습들이다.

특히 호남의 쌀을 수탈해간 현장이 군산이라는 사실과 동국사의 창건과 소녀상 등을 보는 문인들은 '군산은 과연 어떤 곳이었을까'의 질문을 던지지 않을 수 없는 일이다.

나는 이 부분에 대해 바닷물이 삼각지교차점에서 소용돌이치는 모습을 상상해 보았다. 군산의 정체성과 그의 파장에서 오는 사회적, 정치적, 시민의식의 갈피의 방향은 어느 곳이냐는 자문을 하지 않을 수 없는 문제다. 순간 내 머리는 '멍'해 버렸다.

2.

수필의 날을 군산에서 개최한다는 소식에 전국의 수필가들은 한국문인협회 문효치 이사장의 고향이 군산이라는 데서 더욱 참가 희망자가 많은 것이 아닌가 하는 생각이다. 이들은 군산시 옥산면 남내리에 소재한 문효치 이사장의 생가를 찾았다.

일행들은 조용한 아침 농촌마을에 대형 관광버스 7대로 3백여 명이 들이닥치자 온 동네가 들썩거린다. 단순한 사람들만이 아니라 꽹과리, 장구, 징 등 풍물 굿 소리는 천지가 떠나갈듯 흥을 돋운다. 이 마을을 지키고 있는 문 이사장의 대부벌인 문정식 마을 지도자가 마련한 자리다. 대한민국 문맥의 최고지도자인 문효치 이사장의 생가를 찾는 전국의 문인들을 환영하기 위해 마을 부녀회가 중심이 된 농악단이 나와 퍼레이드를 벌이는 것이다.

한순간에 1천여 평에 이르는 본채 앞 넓은 마당 잔디밭을 비롯 주변에는 기념사진 촬영, 이곳저곳을 살펴보는 문인들, 특히 이들은 문 이사장 소년기의 인간 체취體臭를 더듬는 모습들이다.

농촌의 한 마을에 이처럼 전국의 문인들이 모인 것은 마을 역사상으로도 처음 있는 일이지만 군산시 전체에서도 쉽지 않은 일이다. 농악단의 음박에 흥이 난 문인들은 농악 단속에 끼어들어 함께 덩실대는 춤을 추어대는 모습은 모두들 어깨춤이다.

문 이사장과의 기념촬영은 너나없이 빠지지 않으려고 카메라 앞을 가로막는다. 특히 문효치 이사장의 고향그리움의 기념 시비 앞에서는 순번을 기다려야 할 정도가 됐다. 모두는 문 이사장의 증조부이신 성재 문종구性齋 文鍾龜 선생의 일가가 살아온 역사의 현장을 살피면서 당시 옥구의 대부호였음에 실감한다.

한 시간여 동안 머무른 모두는 남내리 마을을 뒤로하는 아쉬움을 남기며 비응항으로 핸들을 돌렸다. 11시에 고군산군도를 유람할 월명유람선(회장 지명수)에 모두 승선을 해야 하기 때문이다.

3백 명이 승선하는 대형 유람선은 지명수 회장(68)이 수필의 날에 참여한 문인들을 위해 무료로(입장료 6백만 원) 쾌척함에 따라 이날 유람을 하게 된 것이다. 서해의 파도를 가르며 고군산군도 일대를 두 시간에 걸쳐 선유팔경을 비롯 촘촘히 눌러앉은 서해의 보고로 알려진 각 섬마다의 풍광에 취함이 역력하다.

시심詩心과 수필의 무대를 만끽하는데 조용한 감성들이 멈추지를 않는 표정 그 자체만으로도 한 편의 작품을 이루어 내고 있다.

그런가 하면 유람선에 승선하면서 배정받은 점심도시락은 유람선이 출발하자마자 선상오찬을 즐긴다. 전정구 사무국장의 사회로 시작한 선상 시낭송과 오락을 즐기는 문인들은 유람선의 밖과 안에 눈을 돌리느라 바쁘기 한이 없다. 한편의 드라마를 연출하는 이날의 유람은 참여한 문인들의 마음과 잔영이 뇌리에서 지워지지 않으리라는 내 마음의 전부다.

비응항에 무사히 안착한 일행은 마지막 코스인 새만금 제방을 따라 부안에 위치한 홍보관을 찾았다. 이곳에는 3층에서 내려오는 첫 번째 대형 기공식 사진이 전시되어 있다. 테이프 커팅을 하는 이 사진 속에는 당시 노무현 대통령과 필자인 김철규(당시 전라북도의회 의장) 사진도 함께 있는 모습이 있다. 이 사진을 본 문효치 이사장과 지연희 운영위원장 등 일행은 이를 보면서 "대단한 사진이네요." 하며 내 얼굴을 바라본다.

천지개벽을 이룬 새만금 내측(제방 안쪽)과 외측(바깥 서해)을 함께 감상하는 일행은 한반도의 국토변화에 감탄과 눈이 휘둥그레지는 모습들이다. 국토이용에 따른 국가발전에 놀라움이 그치지 않는다. 그동안의 과정을 담은 사진과 미래설계에 희망의 설렘을 담아 보인다. 비응항에서 부안 변사반도의 대항리까지 34Km의 방조제를 왕복으로 달린 문인들은 새만금에 대해 어떤 마음들을 담고 귀향들을 했을까 하는 생각도 해보았다.

이곳 새만금은 필자가 전북일보 기자로 재직 중 1978년 우리나라에서 최초로 국토확장과 식량안보차원에서 서해안의 대단위 간척지를 만들자는 기사를 쓰기 시작한 것이 오늘의 새만금이라는 데서 필자는 '새만금' 말만 들어도 감회를 떨칠 수가 없다.

수필의 날 기념행사와 관련한 군산을 마음에 담은 전국의 문인들과 준비에 발을 동동 구른 지연희 위원장의 모습을 보면서 맞이한 필자는 생애의 한 페이지를 장식했다.

대회를 성공적으로 마칠 수 있도록 협조를 아끼지 않은 송하진 전북 도지사와 문동신 군산시장, 이성일 전북도 의회 문화건설안전위원회 위원장께 감사함을 전하며 문학이 살아 숨 쉬는 군산이 되기를 바라는 마음이다. 마음에 새겨진 '영원한 군산'을 생각하면서….

2016. 5.

# 개 돼지론 구속 수사해야 한다

국가의 주인인 민중 99%를 개 돼지 취급했으니 모욕죄로 다스려야 한다.

쓴소리한답시고 특정세력을 겨냥하는 말이 비위에 거슬리면 속전속결 처리하는 수사를 통해 입건도 하고 때로는 구속수사도 하고 정도에 따라서는 중형을 선고하기도 하는 게 현실이다. 그런데 하물며 교육의 백년대계의 정책수립과 기획을 하는 교육부 고위직인 나향옥(47) 정책기획관을 마치 파면으로 끝내려는 응징의 조짐을 보였다.

그러나 주무장관이 국회에서 "장기적이고 중요한 국가정책을 처리를 해야 하기 때문에 파면에 앞서 업무를 처리케 하는 것이 좋겠다."는 의견을 내놓아 국민들을 더욱 분노케 만들고 있다. 파면 처리의 선을 그은 것이다. 하늘을 찌를 듯한 99%에 해당하는 민중들의 함성과 분노를 이번에는 교육부 장관이 또 한 번 모욕을 주는 것이 아닌가 싶다. 40대에 머무는 나씨가 없으면 대한민국에 그만한 인재가 없다는 말이냐는 것이다. 문제는 1%에 해당하는 나 씨 같은 사고방식이나 민중을 바라보는 시각을 가진 사람이 없다는 보장이 없다.

나 씨의 경우가 앞으로 발생하지 않는다는 보장이 없기 때문에 이번을 계기로 적용법 조문이 없다면 소급입법을 해서라도 준엄한 척결의 심판이 내려져야 한다. 그것만이 민중의 분노를 식히게 할 것이다. 지금 어느 시대인데 술 좀 마셨다고 보이는 게 없이 천하가 내 것인 양 개 돼지. 신분제 공고화 등을 내뱉는다는 현실이 참으로 슬픈 일이 아닐 수 없다.

군사정권에서나 있을 법한 사람을 개 취급하듯 내려 패거나 물고문으로 평생 병신을 만드는 야만적인 짓거리를 상상한 나머지 멀쩡한 민중들을 개돼지론과 이조시대의 상놈론을 펼치는 것은 앞으로 대한민국의 교육정책을 그린 사람들에게는 맡길 수 없는 일로 장관도 그에 대해 도의적으로나 국가교육지향점을 감안해서 대통령은 장관교체까지도 해야 한다.

내 사람이 중요한 것이 아니라 나라와 국민이 먼저이기 때문이다. 자칫 1%에 해당하는 사람 만나는 것을 민중들이 두려워하고 기피하는 현상이 팽배해진다면 사회적 현상은 과연 어떤 형국을 띨 것인지를 생각하게 하는 대목이다. 참담하다 못해 칼바람 앞의 야위고 얼어가는 살을 생각하면 현실의 절벽에 서 있는 심정이다. 이것이 민중들의 마음이다.

따라서 이런 사람들로 하여금 교육정책이 지속된다면 2세 교육을 통해 글로벌 시대에 걸맞은 교육이 이루어지겠는가를 묻지 않을 수 없다. 특히 나 씨가 뱉은 말들을 헤아릴 만한 일고의 가치도 없기 때문에 의법조처와 함께 교육의 백년대계를 내다보는 민주주의교육이 살아 숨 쉬는 정책의 근간이 되도록 만들어 내는 인재들을 등용시켜야 한다. 나 씨의 일연의 행태는 나 씨 개인의 문제로 처리할 일이 아니다. 민중의 힘은 제아무리 강한 철벽 같은 권력도 무너트리는 힘이 있다는 사실을 주목해야 한다. 민중들이 1%의 사람들에게 개돼지나 현대판 신분제를 들이대면 속수무책이 나올 수도 있는 문제이다. 이러한 시점에서의 정부당국은 현명한 대처방법을 하루속히 찾아 결판을 내는 것이 상책이다.

개 돼지는 오늘도 짖어대고 있다.

2016. 7. 15.

# 세계적 환락도시 홍콩, 마카오

말로만 듣던 홍콩과 마카오는 환락도시임에 틀림없었다. 중국으로부터의 독립을 외치면서도 얻어내지 못하는 독립은 과연 꿈으로 접어들 것인가를 과제로 안고 있는 중국의 속국들이다. 그러나 희망을 안고 세계적 환락도시로 거듭나고 있는 모습이다. "얼마나 화려할까?" 하며 듣는 〈홍콩아가씨〉 노래가 생각나지만 그보다는 어떤 도시인가가 더욱 궁금한 홍콩, 마카오, 중국의 신도시로 급변한 심천은 어떻게 생겼을까 하는 마음에서 꼭 한 번은 가보려고 했던 지역들이다.

2016년 8월 9일부터 3박4일간의 홍콩여행길에 나섰다. 물론, 페키지 여행으로 마음대로는 아니지만 열심히 다녔다. 오전 11시 50분에 도착하면서 홍콩의 옛 시가지와 신시가지를 돌아보면서 우리나라의 도시 발전과 비슷하다는 느낌을 받았다. 소호거리, 홍콩의 최초 상가로 조성됐다는 헐리웃로드, 미드레벨 에스컬레이터의 관광은 특수했지만 에스컬레이터 마지막 코스에서 본 바윗돌 위의 고층 아파트는 과거 우리나라 서울 와우아파트 붕괴사고가 연상됐다. 홍콩의 밤은 야경이 대단하다는 가이드 설명에 빠질 수 없어 동행했다. 빅토리아 산정에서 신시가지를 바라보는 고층건물들의 휘황찬란한 불빛은 '역시 대단하다'는 느낌을 받았다. 이어 무동력의 모노레일은 관광객 유혹에 빠지지 않으며 차량으로 돌아도 충분하지만 관광업을 하기 위해 불과 10분 거리의 바닷길을 페리호를 타고 건너기도 했다. 우리나라와 대조되는 일이다.

2층 버스를 타고 구룡반도인 몽콕을 가는가 하면 그 유명하다는 야시장을 돌아보았다. 역시 먹거리, 볼거리, 전통시장의 모습들이다. 우리나라 남대문 동대문 시장과 다를 바 없다. 사람이 사는 곳이면 보고, 먹고, 즐기고 하는 공통점은 세계 어느 나라나 공통적임을 알 수 있게 한다. 홍콩의 최대 사원인 웡타이신 도교사원은 마치 궂은 빗속임에도 발 들여놓을 틈이 없다. 세상 사람들은 그것도 못사는 사람, 잘사는 사람 가릴 것 없이 신에 의지하는 마음은 똑같아 보였다.

훼리호로 약 한 시간가량 마카오로 가는 도중에 멀리 보이는 다리가 있어 안내자에게 물었다. 마카오에서 홍콩까지 61.2km의 거리에 지난 2011년에 다리공사를 착공, 현재진행 중으로 1017년에 완공예정이라는 설명이다. 홍콩 쪽에 수심이 깊어 난공사로 마무리를 아직 못 하고 있으나 내년 중에 이 다리가 완공되면 홍콩–마카오의 교통이 편리해져 엄청난 관광객이 세계에서 몰려들 것이라고 전망한다.

일행은 유명한 성바오로 성당을 먼저 찾았다. 1602년에 유럽과 아시아종교문화를 한데 아우르는 상징적이며 극동지역 최초의 서구식 대학 건물로 마카오의 랜드 마크로 꼽히는 이 성당은 뒷면은 화재로 없어지고 앞면만이 남아 있어 엄청난 아쉬움이지만 이것만이라도 볼 수 있음에 감사했다. 현재 세계유네스코 유산으로 등록이 되어 있다. 현장에 도착했을 때는 관광객이 몰려들어 발 디딜 틈이 없을 정도로 인산인해이다. 가까스로 기념사진을 촬영하고 더위를 시키기도 하지만 성당 앞에서 기념으로 맥주 한잔 생각이 나서 시원한 마카오 생맥주 한 잔을 마셨다. 가이드의 독촉으로 성당 앞 골목으로 달려갔다. 육포가게들이 즐비하다. 이 "육포를 먹지 않으면 마카오에 왔다는 말을 할 수 없다."며 육포집으로 안내한다. 달짝지근하며 연해 먹기가 좋았다.

성당을 뒤로하고 일행은 세나도 광장으로 갔다. 광장에서 한눈에 모두 볼 수 있는 인자당(仁慈堂. 1568년 건립한 적십자봉사단체), 민정총서(民政總署.16세기 건립. 정부종합청사). 우체국(1927년 건립) 등이 있는 앞 광장 로터리를 돌아보면서 마카오의 역사를 짐작게 했다. 세나도 광장은 포루투갈 식민지배를 받아온 마카오의 중심지로 모든 관공서가 이곳에 집중되어 있으며 특히 마카오 정부에 반환될 때 돌을 깔아 만든 모자이크 바닥은 인상적이다.

마카오의 상징인 카지노 호텔 중심지로 향했다. 때마침 해가 짐에 따라 휘황찬란한 호텔들과 윈 호텔 분수대의 분수 쇼등 눈이 휘둥그레짐을 느꼈다. 특히 카지노호텔 옆에는 으레히 전당포 상호가 눈에 띈다. 카지노라는 도박에 눈이 먼 관광객들이 소지품을 잡히는 전당포들이 성업 중이라고 한다. 우리 군산에 카지노 유치전 논쟁이 한창이어서 더욱 관심이 컸기 때문에 이를 어떻게 하는 것이 좋을지에 대한 고민을 거듭하게 되었다.

마지막 코스인 중국대륙 한쪽의 신생거대도시 심천을 열차편으로 갔다. 심천의 입국절차는 비교적 간단하다. 먼저는 중국대륙을 축소판으로 만들어 '소인국'이라 하고 구내 카로 30분이면 일주를 하고 걸으면 하루가 걸린다고 한다. 일행은 구내 카를 이용하기로 했다. 누구의 발상인지 몰라도 관광 상품으로서 각광을 받게끔 만들어 놓았다. 특히 중국내의 소수 민족관들이 모두 들어 있어 이들의 역사성을 보게 되어 더욱 잘 만들어졌다는 생각이 들었다.

또 하나의 볼거리는 대형 실내외 무대와 야외관람석은 엄청난 규모를 자랑한다. 이 무대 출연진은 소수민족들의 생활상과 정체성을 보여주고 있다. 실내에서의 출연 중에는 한국의 상징인 〈아리랑〉이 나온다. 가슴이 뿌듯해지며 조선족들의 애환이 내 깊은 마음을 훔쳤다. 밤하늘의 별빛과 함께 관람석을 빠져나오면서 소수민족들이지만 거대함에 놀라지 않을 수 없다. 홍콩의 밤은 뇌리에서 쉽게 떠나지 않을 것 같았다.

2016.

# 국회의원은 현실을 직시해야 한다

국회의원의 신분은 독립된 헌법기관이다. 따라서 지역구 국회의원은 지역 주민들(유권자)에 의해 선출된다. 지역민들의 투표로 선출된 국회의원은 국정을 다루는 막강한 권한이 주어져 있다. 그래서 국회의원을 뽑아줄 때는 출신지역의 정치, 경제, 사회, 문화 등 각 분야별 발전에 헌신해야 하며 지방 자치단체에만 미룰 일이 아니라 앞장서서 기수 역할을 해야 함을 전제로 한다. 물론, 국정이라는 방대한 직무에 전념해야 하지만 지역 문제에 대해서도 그에 못지않은 책무가 주어져 있다.

지역민들이 특정 정치인을 국회의원으로 선출을 하는 것은 다양한 지역문제의 해결사 노릇도 해야 하는 역할을 제대로 해낼 때 올바른 평가와 함께 몇 선에 걸쳐서라도 국회의원이라는 신분을 지속할 수 있을 것이다. 그러나 주민들의 욕구충족에 따르지 않을 때는 여지없는 가혹한 평가를 하게 된다.

지금 군산은 현대중공업 군산조선소를 지난 7월 1일을 기해 작업을 중단하고 5~6천여 명의 근로자들이 울산으로 가거나 이미 퇴직을 하는 등 엄청난 시련을 겪는 게 현실이다. 이는 불 보듯 지난해부터 걱정에 걱정을 거듭해오면서 문재인 새 정부에 기대를 걸고 있으나 아직은 뚜렷한 현실적 해결 대책이 없는 실정이다. 다만 문 대통령을 포함한 이낙연 국무총리도 군산시민과 군산조선소 해결방안에 대해 기회가 있을 때마다 군산에 그치는 것이 아니라 전북의 경제 살리기에 온갖 관심을 기울이고 있음에는 분명한 일이다.

이같은 상황에 군산 출신의 김관영 국회의원은 어제 오늘의 일이 아님을 잘 알고 있을 것이다. 지난해부터 위기, 위기 하면서 백방의 처방을 찾으려 했으나 안 되고 있음을 누구보다도 잘 알고 있으면서도 정치칼럼(도내 모 일간지 7월 16일자)을 통해 문재인 정부에게 책임을 떠넘기려 하는 듯한 내용을 내놓고 있어 "누구를 향한 주문이냐."는 것이다.

특히 김관영 국회의원은 "군산조선소 중단 없는 가동을 위해 무슨 일을 했느냐."는 시민들의 질문이다. 오히려 문재인 정부 출범 전에 "대책수립을 못한데 대한 책임이 나에게 있다."는 솔직한 고백과 함께 군산조선소의 가동중단에 대해 주민들에게 "능력부족으로 내 힘으로는 현대중공업의 경영진 설득이 어려웠다."는 고개 숙인 인사말을 해야 옳다고 본다. 지난 7월 20일 문재인 정부의 군산조선소 대책 발표 내용과 관련 미사여구를 늘어놓았다고 꼬집으며 지난 정부와 다를 바 없다며" 전북도민들에게 더 큰 실망을 안겨주었다고 힐난 했다.

또한 목표는 해결임을 전제, "이제는 세상을 변혁하는 일이다."라며 대책이 가시적이고 실천적 변혁이 절박함을 제시했다. 이외에도 김관영 국회의원은 의지확인이 아니고 실천에 있음을 강조하며 판을 뒤집지 않으면 해법이 없다면서 "촛불혁명에서 확인된 우리의 힘을 행동으로 옮기자."라고 말을 맺었다. 이토록 속속들이 잘 알면서 "지금까지 무엇을 했으며 과연 지역문제는 뒷전이었다는 말이냐"는 주민들의 여론이다. 출범 3개월 남짓한 문재인 정부를 대상으로 하든 현대중공업을 대상으로 하든 누구를 탓하지 말고 내가 할 일이라는 사명감에서 앞장서 해결책을 내놓아야 할 일이다.

버겁게 여겨지는 군산조선소 문제는 군산시, 전북도, 전북정치권 모두가 노력을 아끼지 않았음에도 묘책을 못 찾고 있는 게 현실이다. 그러나 최소한 김관영 국회의원만은 생색내기나 현 정부의 탓으로 돌릴 일이 아님을 분명히 인식하고 "나는 군산조선소 재가동을 위해 생색내기가 아닌 군산 출신 국회의원으로서 조선소 재가동에 소명을 다했는가."에 대해 돌이켜봐야 한다.

덧붙여 다른 지역구는 여하튼 수준 높은 30만 군산시민은 형식논리의 정치성향을 추구하는 국회의원만은 시민이 바라는 정치인이 아님을 직시할 필요가 있다.

2017. 8. 20.

# 문학 강연 자화상

지역에서의 문학 강연은 그리 쉽지 않다. 그저 적당한 강연은 없다. 최소한 주최하는 단체에서 실시하는 문학 강연이라 하면 듣는 이들로 하여금 "그것이 문학의 성질이구나." 하는 만큼은 경청의 대가를 주어야 한다. 그랬을 때에 문학의 인구저변확대와 함께 장르에 관계없이 어느 누구나 기성 문인들도 경청을 하게 되는 것이다.

문제는 문학에 조예가 깊은 작가를 초청하여 지역문인과 문학에 관심이 많은 참여자들에게 문학에 대한 꼭짓점 하나를 던져 주어야 한다. 따라서 초청 인사에 대한 사례도 해야 한다. 내용의 충실함과 요식이 갖추어져야만 청중을 모이게 함과 동시 지역문학의 발전을 거듭나게 한다.

(사)한국문인협회 군산지부 회장인 나는 2016년도 상반기 문학강연을 5월 21일 군산근대역사박물관 규장각실에서 한국 문협 부이사장을 지낸 진동규 시인과 군산문학상 수상을 한 김광원 시인을 초

청, 문학 강연과 시 낭송회를 가졌다. 이 자리에는 군산문협 회원과 시낭송인 등 50여 명이 참여해 진지한 경청을 했다. 두 사람의 강연에 모두는 시와 수필에 대한 새로운 인식에 빠져드는 모습들을 볼 수 있어 퍽 다행스럽다는 생각을 했다.

그러나 정작 행사주관에 책임이 있는 나는 그사이에 결혼 주례가 있어 끝까지 경청을 못하고 중간에 자리를 떴다. 강연을 듣고 싶은 심정은 마음 한쪽을 차지하고 있으며 주례 시간은 다가오고 하여 어쩔 수 없이 자리를 뜨는 마음은 사랑하는 연인을 지키지 못하고 비행기에 탑승하는 마음과 다를 바 없었다.

강연을 끝까지 지키는 것도 좋으나 주례는 그보다 더 중요하기에 늦을세라 황급히 달려가 15분 전에 안착했다. 주례를 모두 마친 다음 행사장으로 왔으나 이미 행사를 마치고 오찬 자리로 모두 옮겨와 식사를 하려는 순간들이다.

참여한 회원들과 강사는 한 자리에서 오찬을 들며 강연의 평가에 너도 나도 한마디씩이다. "두 분의 강연 요지가 어쩌면 그렇게도 시와 수필의 두 가지 모두를 핵심적이며 귀에 쏙쏙 들어오게 하느냐."며 "역시 다르다."고 한마디씩이다. 그러나 나는 할 말이 없는 지경이다. 잘잘못을 떠나 준비에 소홀하거나 미숙한 부분이 없는지 등으로 머리만 긁적거렸다. 신성호 사무국장(시인)이 나를 대리하여 고생이 많았다.

행사 준비에서부터 행사 후의 잔무처리까지 마무리를 하느라 오찬자리에도 맨 꼴찌로 참석했다. 회장이나 사무국장이나 마찬가지

희생과 봉사정신이 없으면 못할 일이다. 용케도 잘 버텨 나오고 있지만 일반 회원들은 그러하지 못하는 부분이 있어 아쉬움이 많이 따른다. 상호간의 협력과 화합이 주어진다면 행사 한 가지를 치르는 데도 손쉽지 않겠느냐는 마음이다.

문제는 모든 것은 나의 부덕함이요 큰 짐을 맡은 것이 과분했기 때문이 아닌가 싶은 심정이다. 따라서 이것이 나의 자화상인가 하는 생각뿐이다. 그러나 지역문단의 생리적 현상으로 보는 사람들도 많아 이러함은 문단발전 차원에서는 문제점으로 볼 때 하나의 연구과제로 봐야 한다는 것이다. 나는 너무 씁쓸한 마음을 바람 따라 날려 보내야 하는 것인지가 문제로 여겨진다.

2016. 5.

# 대만 기행

대만의 유명한 스린야시장은 가랑비 마다하지 않고 좁은 골목길에 인산인해를 이루고 있다. 중국 음식의 야릇한 냄새는 거부감을 주지만 참아야 했다.

서울의 동대문 음식골목을 연상케 하는 스린야시장은 음식박물관이다.

5월 16일 고교동문후배인 임이택, 김경봉, 주승만 등 3명과 함께 가보고 싶었던 대만 여행을 2년여 동안 미루어 오다가 4명이서 여행에 나섰다.

물론, 패키지 여행이지만 우리는 가이드 안내를 받아 한 시간여를 돌아 구경을 마친 뒤 어느 음식점에 들어갔다. 대만산 맥주와 바다가재, 이름 모를 안주 등으로 한 잔씩을 마시고 숙소로 돌아가 첫날 밤을 보냈다.

다음날은 서둘러 화련 태로각협곡 관광을 가기 위해 열차여행에 나섰다. 약 2시간 40분의 열차여행은 도시, 농촌, 터널, 바닷가 등 산하를 보면서 가져간 국산 소주 한 잔씩을 마시는 기분은 그야말로 최고의 열차 여행이 됐다. 우리는 국내에서도 이런 여행은 별로 기억이 안 난다면서 모두는 기분 만끽이다.

태로각협곡은 자연과 인공터널로 만들어진 대만의 동서 관통로 공사로 1956년 착공, 1960년 완공한 1백80km 터널 등으로 조성됐다고 한다. 이 공사의 상당거리는 수작업을 하다가 2백26명이 목숨을 잃었으며 하루 6천여 명씩 인력이 동원됐다고 한다.

약 한 시간 이상을 걸어 협곡을 지나는 동안 하늘을 찌를 듯한 기암절벽은 차마 고개를 들 수가 없을뿐더러 현기증이 날 정도였다. 협곡에 흐르는 물은 잿빛으로 석회석광산의 계곡물로 계곡 주변의 농토는 쓸모없는 자갈밭이다.

다만 계곡 중간 중간에 관광상품을 개발하여 특산품임을 내세우며 팔고 있는 모습을 쉽게 볼 수 있었다. 또한 연자구燕子口라 하여 제비집으로 알려진 수십 개의 짧은 동굴이 있어 눈길을 끌기도 했다.

협곡을 둘러싼 산에는 토질이 석회석 성분이 많아 나무가 제대로 자라지 못해 사계절 같은 색으로 열악함을 보이고 있다는 설명이다. 협곡을 다녀나온 우리는 대만의 동해안 바닷가 백사장으로 갔다. 백사장은 끝이 안보일 정도의 긴 해수욕장이지만 바다에 들어가 수영하는 관광객은 한 명도 없다. 태평양에서 밀려오는 바닷가 파도가 높고 사나워 자칫 사고로 생명을 잃는 경우가 있어 아예 수영객이 없다는 것이다.

현지식으로 저녁을 때운 우리는 야간열차편으로 타이페이로 돌아왔다. 오전의 화련행은 산하를 보면서 한국의 열차여행을 비교도 해보았지만 이번은 야간열차라서 바깥을 볼 수 없게 되어 열차여행 풍경을 더 못 보는 것이 아쉬웠다. 소주 몇 잔씩에 절반졸음으로 타이페이에 도착했다.

다음날 새벽에 일어나 생각하니 절벽의 협곡만 머리에 남는 것 같았다.

3일째의 관광 지질공원은 기상천외한 조각품들이다. 어떠면 그렇게도 사람의 손으로 깎아 맞춘 듯 자연이 그럴 수가 있을까 하는 의문을 던진다.

푸른 바다를 끼고 있는 지질공원의 기이한 모양의 암석이 어우러진 환상적인 풍경은 세계 어느 곳에서도 볼 수 없다는 설명이다. 사람, 동물 어느 모습이든 쉽게 칫을 정도로 자연이 만들어낸 작품들이다. 자연의 위력을 다시금 생각하게 만들었다.

세계 4대 박물관 중 하나라는 대만의 국립고궁박물관 관람은 중국의 찬연한 역사를 엿볼 수 있었다. 세계에서 몰려든 관광객들로 하여금 사람에 밀려다니면서 가까스로 한 바퀴 돌을 정도로 감상보다는 밀쳐 다니는 꼴이 됐다.

어느것 하나 보물 아닌 것이 없지만 그래도 봐야 할 것은 거의 본 듯 했다.

타이완의 옛 정취와 사람냄새가 난다는 지우펀 거리를 돌아보며 우리나라 명동거리를 연상했다. 맨 끝으로 야간 관광객을 유혹하는

101타워 관광에 나섰다. 스카이라운지에서 바라본 타이완의 야경은 서울 남산에서 사방을 바라보는 야경의 절반에도 못 미치는 느낌이 들어 비싼 요금이 아까운 생각이 들었다.

그러나 가보고 싶었던 대만여행은 그런대로 값진 여행이며 후배들과의 뜨거운 정을 나누는 기회가 되어 더욱 상쾌한 기분이다.

2019.

## 잊을 수 없는 메아리 산악회

정치인들에게는 조직의 일환으로 산악회를 조직한다. 정치를 하려면 조직은 필수적이기 때문이다. 나도 그중 한 사람이다. 커다란 꿈을 안고 젊음을 바친 언론인 생활을 접으면서 지역구인 고향 군산에서 '메아리산악회'라 이름 하여 여성을 중심으로 산악회를 조직했다. 따라서 등산을 좋아하는 나로서는 건강관리는 물론, 자연과 함께하자는 욕심도 배어 있다.

1991년 전북도의회 의장이 되면서 자치단체장 출마준비를 위해 1993년부터 측근으로 여겨지는 활동적인 여성 한 분에게 부탁했다. 불과 한 달도 못돼 50여 명이 짜여져 1차 산행을 시작했다. 매월 1회씩 가까운 산부터 시작한 조직은 1백 30여 명의 고정적 인원과 여성들을 보호할 젊은 청년도 몇 명을 선정하여 동행토록 했다. 물론, 회비제로 했다. 문제는 몇 개월이 지나면서 좁은 지역에 금세 소문이 나기 시작하더니 여성들이 몰려들기 시작한다. 여성조직은 비교적 신뢰도가 높아 대단히 좋은 현상이다.

나로서는 그 이상의 반가움이 없는 일이다. 때로는 버스를 증차해서 가기도 한다. 1993년부터 시작한 산악회 조직은 운영이 잘됨에 따라 전국 유명산을 찾아다니는 준 프로급 산악회가 되었다.

산에 가면 아무리 어려움이 따른다 해도 반드시 정상정복을 한다. 그 이유는 간단하다. 꼭짓점은 정상이니까. 정상에 올라 맨 먼저 생각나는 것은 "드디어 올라왔구나." 하는 점이다. 그 다음은 등산로의 뒤는 물론, 옆 숲속 사정은 알 바 없이 올라온 것이다. 정상에 발을 디디면 하늘을 바라보기 마련이다. '아무리 높다 해도 하늘 아래 뫼이로다.'는 생각이 스친다. 정상에서 바라보이는 앞산, 뒷산, 광활한 들녘, 때로는 바다, 강 등 산 아래의 생김새와 함께 자연을 만끽한다.

한번은 강화도 마니산을 가기 위해 군산에서 새벽같이 나섰다. 앞산길이 아닌 옆길로 산행을 하는데 완전 바위산으로 되어 있어 정말 힘들기도 했으나 정상에 올라 서해를 바라보니 막혔던 마음이 확 뚫리는 기분이다. 그뿐이랴.

음력 정월이면 시산제를 모신다. 산 정상에 오르거나 아니면 산 아래에서 돼지머리, 과일, 어류 등 제사상 차리듯 온갖 정성을 다하여 참여한 모두는 절을 하고 1년 내내 무사한 등산과 지자체장 당선을 기원하는 마음의 축원을 한다. 기억에 남는 고창 선운산 정상에서의 시산제다. 젊은 청년들이 모든 음식을 정상까지 교대하면서 메고 올라가는 모습, 이를 준비하고 상을 차리는 회장, 총무 모두에게 지금도 그 당시의 모습들이 잊히지 않는다.

참으로 고맙고 정겨운 인연들은 나의 진정한 동지요, 친구들이다. 참여하는 모두는 진정 고마운 분들이지만 특히 고용수 청년회장, 장영희 회장, 노현옥 총무 등은 산악회를 이끄는 데 너무도 헌신적이었다. 너무도 고마운 동지요, 동생들이다. 20여 년이 훌쩍 넘어간 지금도 마음의 한 구석을 지키고 있다. 회상해 보면 당시 나를 도와준 한 사람 한 사람의 모습들은 푸른 하늘에 하얀 한 점의 구름을 보는 마음이 스친다.

등산을 하면 비교적 유명산에는 절이 있다. 나는 불교신자이기에 꼭 사찰을 찾아 부처님께 참배를 한다. 타종교 신자도 있지만 대개는 불교신자들이 많아 참배를 거르지 않는 편이다. 어느 산을 가나 마찬가지이다.

10여 년이 넘도록 나를 도와준 총무는 정말 커다란 인연이요, 나에게는 보배였다. 1백여 명이 넘는 회원 관리는 물론, 개개인의 신상관계까지 살피는 정성을 보였다. 참된 인간성과 목표달성을 위해 최선을 다해 보자는 굳은 의지와 결심이 없었다면 불가능한 일이다. 끈끈한 인연의 고리가 있었기에 가능한 일이라고 생각한다. 그러나 결국은 단체장 선거에 몇 번의 실패를 거듭하면서 선출직 정치에 종지부를 찍고 이 나라 참된 민주주의를 위해 정치를 시작한 정당에서 백의종군하는 마음으로 오늘을 살아가고 있다.

10여 년의 메아리 산악회가 준 인연의 교훈은 평생을 안고 간다. 정치20년 생활도 나에게는 또 다른 인생관과 철학을 심어주었다. 농촌에서 도시에서 모여든 메아리산악회원들은 나에게 있어서 소중한 존재들이었다. 이들은 정치조직의 언덕으로 역할을 다해 주었다. 문제는 나의 역부족이 아닌가 하는 마음이다.

글쓰기 시작한지 금년으로 33년에 수필, 칼럼, 시집 등 10권의 책을 발행했지만 아직도 졸작을 면치 못하고 있음이 나의 솔직한 고백이다. 그때 그리운 산악회원들의 소식도 궁금하다. 젊음을 자랑하며 궂은일 마다하지 않은 청년들은 모두 자기 생활에 충실하다는 소식에 그저 감사하고 고맙기 그지없다. 어느새 80객이 되어 가고 있는 요즘은 글쓰기에 열심이다.

전국의 어느 산이라도 달려가던 그 시절은 추억으로 남고 이제는 겨우 군산 수원지 한 시간 거리의 둘레를 걷고 있다. 인생은 무상이고 글은 영원함을 생각하면서 이 원고를 마친다.

## 소중한 동지 이옥식

오지랖이 넓고 깔끔한 신사도를 지키는 동지요 매제인 이옥식이다. 나의 정치인생 20여 년을 지켜준 분신이며 정치적 동지이다. 1989년 군산정책연구회 설립 과정부터 20여 년 동안 사무국장을 맡아 군산시 진역의 조직을 맡아 관리 운영해 왔다. 나와 동향인 군산시 옥도면 야미도 출신으로 여동생과 결혼을 하게 됨에 따라 매제가 된 것이다. 많은 배움은 없어도 직관력이 뛰어날 정도이며 순발력 있는 판단으로 조직운영관리에 안성맞춤이다.

30년 만에 부활된 지방자치단체의회에 언론인 생활을 정리하고 당시 옥구군 제1선거구 도의원 입후보한 선거에 관리책임자로 당선을 하는 데 일등공신 역할을 다했다. 도의회에 진출한 나는 전라북도 의회 의장에 당선이 되는 영광을 안게 되면서 2005년 지방자치단체장 준비에 이르렀다. 이 국장은 도의원 임기를 마침과 동시 군산시장 출마에 따른 조직관리 등 준비에 최선을 다했다.

특히 의장 임기 동안 군산을 매일 다닐 수 없는 실정에 각종 민원을 이 국장이 처리를 해야 하는 어려움을 겪기도 했다. 사무실 운영비도 제대로 지원 못 하는 경우도 비일비재했지만 어려움을 극복하면서 주민과 당 관리자들에 대해서도 최선을 다해 주는 모습에 지인들은 칭찬을 아끼지 않았다.

이 국장은 여동생이 운영하는 구멍가게에서 자신의 용돈을 조달받는 형편인데도 나를 대리하여 애경사를 찾아다니는 성의를 보여 충분한 운영비를 못 주는 내 마음은 스스로 안타까운 때가 한두 번이 아니었다. 나 자신은 동생들의 도움으로 선거를 치르다 보면 여유가 없어 별도의 여유자금을 지원할 수 없을 때가 많았다. 이런 여건에서 본 선거를 치르기 전에 시장후보 경선이 먼저다.

경선은 대의원들로 하여금 투표를 통해 선거를 치르는데 특정 후보의 금품세례로 입장변화를 가져오는 대의원도 있어 달려간 이 국장은 "바르게 하자."며 애원하는 경우도 한두 번이 아니었다. 2001년 당선된 시장의 중간 낙마로 보궐선거를 치르는 경선을 통과, 본선에서 강 모 후보(무소속. 전 국회의원)와 단둘이서 맞대결을 하게 됐다. 며칠씩 잠을 못 자며 동분서주하는 이 국장은 나의 신변에 위협하는 세력이 있음을 탐지하고 밀착경호를 하면서 가스총까지 소지하고 다녔음을 선거 후 알게 됐다.

아찔한 일이다. 선거에 패한 나를 위로하느라 부단한 노력을 아끼지 않으며 평소 잘 못 마시는 술이지만 나를 위해 억지 술을 마시기도 한 동지였다. 그럼에도 재도전에 대비하는 준비에 게으름이 없었다. 나의 소속당 국회의원선거, 도의원선거, 시의원선거, 농협조합장, 심지어 농협, 수협, 축협대의원선거까지 협력을 해주지 않으면 안 되었다. 이러한 선거에 비협조적일 때는 내 선거에 직접적인 영향을 미칠수 있기 때문에 나와 함께 발로 뛰어 주었다.

참으로 어려운 과정들을 잘도 견디어 냈다. 그리고 잘도 버텼다. 이러다 보니 남의 선거까지 30여 차례는 치른 게 아니냐는 생각이 든다. 내 생애에 하나밖에 없는 친구 김정웅(고인)을 대신해 주는 동지요 친구처럼 감정을 주는 이옥식이다.

폐 한쪽을 떼어낸 절반의 폐로 생명을 유지하는 이 동지를 생각하면 멋스런 인생여정이 눈에 선하다. 나를 앞에 놓고 2016년 71세를 1기로 먼저 세상을 떠난 지도 벌써 3년이 흐른다. 그려. 80을 넘어가는 나는 이 동지를 생각하면 악조건이지만 군산시장 선거를 치러 당신의 영광을 안아 하늘나라에서라도 기쁨을 누리게 했어야 하는데 그렇지 못한 한을 씻어 내느라 아침이슬 같은 심정이다.

이제는 선거에 입후보하는 정치가 아니라 깨끗한 정치를 통해 참다운 민주주의를 지키는 정치인이 배출하는 정치무대를 만드는 데 관심을 가질 뿐이다.

사랑하고 잊을 수 없는 이옥식 동지, 매제, 그리고 친구. 영면을 부처님께 기원하네.

2018. 10.

# 05

# 조약돌 사연

## 군산 빙하경제 처방전은?

어느덧 봄은 지나가고 초여름이 성큼 다가와 옷소매를 올리게 하는 계절이다. 그러나 군산경제는 빙하氷河 속에서 헤매고 있다. 시베리아벌판에서 불어온 군산경제의 빙하는 몇 년째 계속되고 있다. 군산 현대조선소의 철수설이 나오기 시작한 것은 까마득한 옛 이야기가 현실로 된 지도 벌써 몇 년이 지났다. 엎친 데 덮친 GM군산공장마저 시름거리다 결국은 철수라는 선고가 내려졌다.

사실상 두 공장은 기사회생은 기대할 수도 없을 뿐만이 아니라 머리도 꽁지도 없는 형체마저도 보이지 않는 빙하 속으로 들어갔다. 결국 녹아내리게 하는 처방전이 절실한 실정이다. 제아무리 큰 재벌회사라 해도 이익이 발생할 여지가 보이지 않는 영업을 하는 경영은 없다. 그럼에도 불구하고 영업을 계속한다면 군산을 위한 자선사업을 하든지 아니면 천하의 바보경영이라는 평가일 것이다.

현 시점에서 만에 하나라도 이를 기대하거나 가능성을 전망하는 사람은 아마도 한 사람도 없을 것이다. 그러나 만약 있다면 그 사람은 빙하 속이 어떤 것인가를 모르는 사람일 것이다. 한마디로 사람꼴이 아닌 것이다. 예견되는 군산경제를 이토록 비참하게 만든 요인이 무엇인가를 생각하지 않을 수 없는 일이다. 대통령도, 정부도 어느 누구도 이익을 추구하는 사업가들이라는 사실을 몰라서인가. 충분히 예견된 사실들이다. 문제는 가장 일선에서 체감을 하는 군산시 당국과 정치권이다. 제아무리 몸부림을 쳤어도 안 됐다는 주장은 진단의 신속성과 현실타개라는 명쾌한 진단에 의한 처방이 절실했다. 따라서 방향전환이 이루어졌다면 즉시 이를 실천에 옮겼어야 함에도 그런 대처를 하지 못한 것이 오늘의 문제를 낳게 됐다고 봐야 한다.

그다음에는 새롭게 설정한 방향타가 현실 가능한 처방전이라면 전라북도, 아니면 정부에 군산시민의 어떠한 담보도 서슴없는 불도저 추진은 빙하의 군산경제가 용광로 경제로 변할 가능성은 충분했으리라 여겨진다. 용광로는 희미한 희망과 미련에 매달린 잘못된 판단들을 녹여 새로운 방향전환의 재빠른 판단과 결단을 필요로 한다. 이제는 지금까지의 것들이 문제가 아니라 앞으로가 문제인 것이다.

7~80년대의 전북경제지표는 군산의 몫으로 전북의 대표적 경제 항구도시였던 시절이 있었다. 또한 32만여 명의 인구로 전주에 이은 두 번째 군산으로 국회의원도 2명이었다. 그러나 몇 년 사이에 익산에 밀리며 당장은 거기까지는 못 간다 해도 최소한 "군산을 떠나야겠다."는 한숨 어린 소리는 없도록 해야 한다. 인구도 27만에 머무르는 뒷걸음질 치는 군산 시정市政이 된 사실에 시민 모두는 주목해야

한다.

빙하의 경제를 녹여 용광로경제로 군산을 살릴 6 · 13지방선거가 눈앞에 다가왔다. 군산을 이끌어갈 시장과 도의원, 시의원 선거가 얼마나 중요한가를 시민들은 절대로 간과할 일이 아니다. 진정 어떤 인물들이 어떤 정당이 군산경제를 살리고 새만금을 포함한 지역발전의 기수 역할을 할 것인지에 곱씹어 후회 없는 현명한 판단이 요구된다. 군산! 빙하의 경제가 용광로를 거쳐 새봄을 맞이하기를 기대하면서.

# 세월호 참사, 원한 맺힌 304명의 넋

2017년 1월 8일 오후 1시경. 산 자의 면목 없는 나는 팽목항(진도항)을 뒤늦게 찾았다. 이날 40여m의 바닷속에 묻혀 있는 세월호를 생각하면서 팽목항 등대 앞에 서 있었다. 바다는 은빛 찬란하다. 봄날 같은 날씨에 햇빛이 쨍쨍하여 눈을 부시게 하고 있지만 맹수 같은 사나움이 도사리고 있음을 떨쳐버릴 수가 없었다. 깊숙한 검푸른 바다는 세월호 참사의 고귀한 304명의 생명을 처참하게 버린 나라 최고의 책임자인 대통령을 집어 삼킬 것만 같았다.

"왜 우리를 주검으로 몰아넣었느냐, 숨 막히는 7시간 당신은 겨우 머리손질하고 ㅈ몸단장이나 하고 있다가 겨우 부스스한 얼굴로 재난본부에 나타나 구명조끼 운운하며 잠결에 봉창 뜯는 소리를 하느냐."는 함성이 터져 나와 혹독한 파도에 묻어버릴 것 같아 보였다. 천 날이 되도록 갖은 이유 속에 세월호 인양은 내년으로 미루어지고 대통령은 탄핵에 정신을 잃어 세월호 희생자들은 안중에도 없는 듯

하여 더욱 쇠붙이 팔매질이다.

나는 천일을 하루 앞두고 친구와 함께 팽목항을 찾아 바다를 보면서 "무슨 이런 나라가 있는가 하면 대통령은 허수아비고 그림자 대통령인 최순실의 국정농단에 놀아나다 보니 세월호 참사가 안 나겠느냐"는 탄식이 절로 나왔다. 국민의 분노가 아니라 세계적인 조롱거리가 된 대한민국 국민이라는 사실에 쇠망치로 뒤통수를 얻어맞아 실신 지경임을 실감했다.

어떤 형태의 모습으로 넋마저 나가버린 9명의 시신은 어떻게 할 것인지 무대책이 상책이 되어 버렸으니 이들의 유가족들의 마음을 헤아려 보았는지 박근혜 대통령께 물어보고 싶었다.

내 마음은 두근거리다 못해 울컥울컥하는 목메임이 눈시울을 적시고 있어 등대 옆 바닥에 주저앉아 통곡을 하고픈 심정이 솟아오르고 있지만 이를 참아내느라 한참을 헤맸다.

세 번째 겨울을 맞이한 9명의 유가족들이 한설을 겪는 콘테이너 건물과 휴게소에는 몇 사람의 안내자가 있는가 하면 분향소에는 전국에서 지금도 찾아오는 분향객들이 많이 있어 세월호의 참사내용을 여실히 보여주고 있다. 나도 방명록에 "비참한 세상에서….''라는 의미심장한 짧은 한마디를 남기고 고인들의 영면을 기원했다.

"304명의 원한의 넋과 선체 인양으로 9명의 시신을 찾아 달라"는 함성의 울림이 발길을 더듬거리게 했다. 무거운 발길을 돌리면서 기념비적인 추모의 탑만이 처참함의 역사를 남길 뿐 세월호의 깔끔한 처리와 이나라에 다시는 국가적 재난이 발생하지 않기를 기원했다.

자동차에 승차하기 전에 등대 밖 먼 바다를 다시 한번 바라보며 자연을 거스르면 안 된다. 국가적 재난에 지도자급에서 책임지는 사람이 필히 있어야 함을 강하게 느끼면서 강조해 둔다.

2017. 1.

# 조약돌 사연

바닷가 조약돌은 숱한 사연의 증인이다. 파도의 장난감처럼 헤아릴 수 없는 유린의 증거이기도 하다. 산자락에서 떨어져 나오면서부터 파도와의 사투 속에 자신의 모습을 잃어간다. 때로는 호수 속의 진주처럼 비치기도 하지만 때로는 순한 파도, 사나운 폭풍, 밀물 썰물의 섭리에 따르다 보면 할퀴고 깎이고 온갖 요동을 치는 외침의 결과는 조약돌이란 이름으로 변신한 것이다.

어쩌다 보면 몽돌이 되기도 하지만 결국 이러한 진화 속에서 바위산에서부터 수천 년, 수만 년, 수억 년을 겪는 동안 모래알로 탄생한다. 기구한 운명인지 신의 조화로움인지는 알 수 없는 일이지만 인류에 공헌함에도 틀림없는 사실로 받아들여진다. 이러한 풍운의 모래와 조약돌과 몽돌의 모습을 지닌 곳이 야미도에서 찾을 수 있는 풍광의 한 장면이다.

행정구역으로 군산시 옥도면 야미도는 앞 동네, 안동네로 구분한다. 우리 집은 동네 한가운데에 자리하고 있다. 추석, 설 명절이면 동네잔치가 벌어진다. 이때는 으레히 우리 집 앞마당에서 풍장을 울린다. 앞 동네는 선착장이 있어 어선들이 정박을 한다. 옛날의 어선들은 대부분 황포돛대 풍선이 대부분이다. 이 배들은 세칭 앞장불 (잔돌로 이루어진 바닷가)을 활용한다. 바로 이곳에 조약돌과 모래밭이 섬마을을 상징적으로 보여준다. 안동네 앞 바닷가는 사구처럼 조약돌이 층을 이룬 곳도 있지만 1km이상의 길이에 크고 작은 조약돌들은 아름다움의 극치 속에 정겨움을 뿜어낸다. 필자는 유년시절에 수없이 거닐며 꿈을 키워오기도 했다. 이곳 장불은 비교적 한가한 곳으로 특히 가을에 장불에 누워서 하늘을 보면 파란 창공을 꿰뚫고 날아가고픈 소년의 마음은 과연 어떠했겠는가고 그 시절이 더듬어진다.

그런가 하면 조약돌의 장불이 끝나면 갯바탕이라 하여 썰물(간조) 때면 크고 작은 돌멩이들이 널려 있다. 이들 바윗돌에는 수없는 굴이 서식을 한다. 또한 바윗돌 밑과 굵은 모래바탕에는 돌게, 때로는 낙지, 해삼 등 다양한 해산물들이 서식한다. 한겨울에도 추위는 아랑곳없이 썰물 때면 게와 낙지를 채취하기 위해 이곳 갯바탕을 간다. 시린 손을 불며 낙지 한 마리 잡아들고 집에 오던 어린 시절이 있었다. 그러나 지금은 앞장불은 시멘트로 선착장이 만들어졌을 뿐만이 아니라 1950년대의 옛 야미도 어촌은 흔적마저 찾기 어려울 정도가 된 상태다. 그런가 하면 안동네 앞장불은 새만금 사업으로 정말 옛 모습은 찾을 길은 상상도 못 하고 60여만 평의 매립으로 새만금 제방이 만들어지고 도로와 캠핑장 등 딴 세상이 되어 가고 있다.

필자가 유년시절을 보낸 야미도는 고향일 뿐 그 시절의 정취와 추억으로 간직하는, 시대 변화의 무상함이 뇌리에 스칠 뿐이다. 전주에서 직장생활을 하면서 여름휴가에는 매년 거르지 않고 애들과 함께 가족들이 부모가 계시는 야미도 고향을 간다. 부모의 반기는 모습은 내 마음의 창이다.

부락이 변해가는 모습을 보면서 새만금사업이 시작되기 전에는 밀물 때면 전마선을 이용해 친구들과 함께 숭어, 붕장어, 우럭 등 바다 낚시를 즐기기도 했다. 유년 시절에 갯바탕을 찾았던 기억은 날아가는 구름을 보는 듯하다. 아물거리는 옛 내 고향은 추억만이 어른거린다.

# 국립한국문학관 유치에 지상 긴급동의

문화관광체육부는 국립한국문학관을 설립키로 하고 각 지방자치단체에 후보지 신청을 받고 있다. 이에 전라북도는 군산, 남원, 정읍시로부터 후보신청을 받았으나 시市 땅이 아니라는 이유로 탈락시켰다. 한국농어촌공사 소유이기에 금상공원 땅으로는 불가하다는 것이다.

필자의 주장은 우선 대한민국에 지금까지 국립문학관 하나 없다는 것은 부끄러운 일이다. 그러나 만시지탄이 없지 않으나 뒤늦게라도 국립한국문학관을 건립함에 대해서는 다행한 일이다. 특히 중앙정부의 입맛대로 후보지를 결정하지 않고 지방자치단체의 추천을 받아 전문기관이나 관련단체들의 의견을 종합하여 최종결정을 할 것으로 보여 후보지를 둘러싼 잡음을 최소화하려는 방침을 세운 것으로 보인다.

세계무대에 선이나 보이기 위한 것이 아니라 한국문학의 역사를 세계만방에 알려 문학상의 정점으로 일컬어지는 노벨문학상 수상자 배출까지를 내다보는 문학정책이 아니냐는 데서 국민은 물론, 문학의 미래를 꽃피우고 문화산업으로 직결시키는 활로가 되리라는 판단으로 보인다.

이런 관점에서 본다면 한국문학의 요람이요 세계의 문인은 물론, 하나의 문화산업 관광자원화로서의 그 역할은 무한함을 전제로 봐야 할 것이다. 뿐만이 아니다. 통일 이후의 한반도 문학은 미래세계의 인류에 창작과 문학의 성역을 형성할 것이라는 전망도 가능한 일이다. 정부가 문학의 중요성과 그의 한국문학사를 새롭게 인식했다는 점에서는 평가받을 만한 일이다.

이토록 미래지향적인 한국문학관 건립의 후보지를 찾아 나선 전라북도는 아주 근시안적이고 앞 신발만 쳐다보는 발상으로 자치단체 땅이냐, 아니냐는 등 중앙에 추천할 후보지를 선정하려는 것은 즉시 취소하고 최소한 거국적인 후보지를 찾아 중앙에 요청을 해야 한다. 물론, 중앙의 방침은 있겠지만 그러한 방침보다 우선적으로 검토해야할 사안으로 제시하는 것이다.

전국적으로 문학에 관심이 많은 단체나 지방자치단체에서 이를 유치하기 위한 정치적 배경까지를 동원하는 치열한 경쟁을 벌일 것이다. 그러나 이들과 비교가 안 되는 군산은 새만금 땅이 있다.

현재 전라북도는 1억 2천만 평이라는 새만금 땅이 있다. 이 가운데 야미도와 신시도 사이에 70만 평이라는 거대한 땅에서 잡초만 자라고 있다. 그동안 정부는 이곳에 민간투자자를 구하는 과정에서 물의만을 일으켰을 뿐 제대로 된 어느 것 하나도 유치가 안 되고 있는 실정이다. 국립한국문학관은 접근성, 환경 등 여건 충족이 우선돼야 한다.

1. 주차장과 시설: 세계적인 문학관 관광지를 찾는 관광객들의 주차장 확보를 위해 문학관과 부대시설에 필요한 부지는 최소한 3~5만 평은 확보돼야 한다.
2. 접근성의 교통 문제: 서울을 비롯한 수도권에서는 서해안 고속도로와 경부고속도로 천안 분계점에서 공주 부여를 통해 군산IC를 통과하면 된다. 호남고속도로에서는 전주IC에서 전-군간 산업도로가 새만금직통이다. 현재시공 중인 새만금과 포항을 연결하는 고속도로, 부산에서는 대전 분계점에서 전주IC면 되고 여수, 목포 광주는 광주-서울간의 서해안 고속도로 동 군산IC에서 역시 전-군간 산업도로를 이용하는 직선들이 있다. 이 이상의 교통 접근성이 확보된 곳은 없다.
3. 항공편은 현재 정부에서 새만금내의 국제공항 건설에 따른 타당성용역에 들어가고 있다. 이것이 만약 늦어지면 현 군산공항을 국제공항으로 승격시켜 사용을 하다 새만금국제공항이 완공되면 그를 사용하면 된다.
4. 유럽 등 세계적인 박물관이나 문학관 미술관 등 몇 백 년의 역사를 갖고 있어도 주차장이나 교통문제를 거뜬히 해결하는 것은 당초 불모지에 미래를 내다보고 여건을 참작하여 위치장소

를 정한 것이다. 우리도 50년, 몇백 년, 영구한 미래를 위한 건립을 해야 하는 문제가 전제돼야 한다.

5. 부지확보문제는 농어촌공사에서 관리만 할 뿐으로 농림부와 문광부 두 부처가 국가차원으로 합의만 하면 되는 일이다.
6. 자연환경: 3면이 바다인 나라에서 산천도 좋으나 바다도 그에 못지않다. 필자가 주장하는 부제에는 야미도 신시도 그리고 고군산 군도가 황금보따리로 산재해 있으며 작가들의 작품소재에도 엄청난 자원이 있다.
7. 작가 클러스터단지: 작가들이 사용할 숙박시설을 갖추어 제공한다. 이들은 이곳에 일정기간 동안 머물면서 작품구상 등 다양한 문학 활동과 국제 문학 세미나 등을 시설, 다양성을 지닌 단지로 육성을 하자는 것이다.

이러함은 전라북도의 문제가 아니라 국가적 차원의 문제로 보고 결정할 일이다. 전라북도는 이를 충분히 검토하여 중앙정부에 건의하여 정치권과 함께 유치노력을 다해야 한다. 이것은 세계적인 전라북도요 군산이 되는 길이다. 군산시도 이에 탈락이 아닌 전화위복으로 생각하고 즉시 전북도와 협의하여 추진해야 한다. 전라북도와 군산에 몇 백년 후 미래의 희망, 군산에 살기를 바란다.

# 한반도 군산…

# 새만금

## 육지 속의 섬

과거와 현재와 미래가 공존하는 군산. 육지 속의 섬으로도 일컬어지는 군산은 한쪽은 금강이 흐르고 한쪽엔 만경강이, 앞에는 서해바다에 묻혔으니 반도적 지형은 가히 섬이라 하지 않을 수 없다. 금만평야를 비롯한 호남평야를 배경으로 1899년 5월 1일 개항된 군산은 일제의 쌀 수탈 장소이기도 한 역사의 질곡으로 점철된 곳이다. 이로 인해 일본인들이 군산을 잠식하면서 바둑판 모양의 신도시가 형성된 그 잔재는 오늘의 군산시 구 도심권이다. 대표적으로 신흥동에 대규모 포목상을 하며 부를 누린 일본인 '히로쓰'가 건축한 전형적인 일식가옥으로 지붕, 외벽마감, 내부정원 등 원형을 보존하고 있어 건축사적 가치가 크며 영화 〈장군의 아들〉, 〈타짜〉 등의 촬영지이다. 이 외에도 월명동, 영화동 등 구 시가지에는 상당한 일본식 가옥들이 있다. 군산시는 낡은 일본식 가옥들을 과거의 아프고 슬픈 역사가 되풀이 되지 않도록 하기 우해 후손들에게 보이려고 리모델링하여 상가로 사용토록 하고 있다.

그런가 하면 1908년 대한제국의 자금으로 건립한 군산세관이 보존되고 있다. 서양식 단층 건물로 서울역사, 한국은행 거물과 함께 국내에서 현존하는 서양 고 전주의 3대 건축물 중 하나로 현재는 호남관세전시관으로 활용하고 있다. 인근에는 1922년 준공된 구조선은행군산지점이 식민 지배를 위한 대표적인 금융기관이 있다. 현재는 화재 등 수난을 겪었으나 복원하여 근대건축 및 은행관련 전시관으로 쓰이고 있다. 역시 그 옆에는 쌀 반출과 토지강매를 위해 1907년에 개설, 1914년 나가사키18은행군산지점으로 사용했던 것을 2009년 문화재청에서 일본 제18은행으로 명칭을 바꾸어 근대미술관으로 개관하여 기증된 미술작품과 지역작가의 전시공간으로 활용하고 있다.

특히 1930년대 쌀 수탈창고로 쓰인 조선미곡창고주식회사가 있다. 그러나 지금은 당시의 수탈창고라는 쓰라림을 씻어내고 77석의 장미공연장으로 문화예술인들의 공간으로 탈바꿈했다. 이 일대는 일제식민지배의 본거지나 다름없을 정도다. 1930년대에 무역회사와 상업시설로 활용한 근대건축물인 미즈상가가 지금은 미즈카페로 바뀌어 1층은 카페테리아, 2층은 북 카페로 시민과 방문객들의 휴식공간으로 활용되고 있다.

## 민족정신 말살하려 창건한 동국사와 진포대첩현장

월명산 중간자락에 일본식 사찰인 동국사가 있다. 우리나라에 유일하게 남아 있는 동국사는 일본인 스님에 의해 창건되었지만 목적은 조선민족성말살에 근본 취지를 담고 있어 얼마나 악랄했는지를 잘 보여주고 있다. 지금은 대한조계종 소속으로 종걸 주지스님이 운영하고 있다. 특히 대웅전의 장식 없는 처마와 외벽의 많은 창문이 일본식 사찰의 특징을 보이고 있다. 또한 일본인들은 시내와 해망동을 가로막은 월명산에 터널을 만들어 교통의 원활함을 꾀하기도 했다.

개정면에는 우리나라 제1호 의학박사가 살던 이영춘 가옥이 있다. 이 가옥은 1920년경 일본인 대지주인 구마모토가 지은 별장으로 서구식과 일본식, 한식을 절충한 혼합 별장을 해방 이후 이영춘 박사가 작고하게 되자 지금은 이영춘 박사 기념전시관으로 많은 사람들이 찾아온다. 또 한 군데 가볼 만한 곳인 구 임피역이다. 임피역은 1912년 건립되어 우리나라 가장 오래된 기차역 중 하나로 국가등록문화재 208호로 현재 내부에는 채만식 소설 〈레디메이드 인생〉이 조형물로 재현되어 있다. 밖에는 시실리광장, 연못, 오포, 열차체험교실, 전통우물 등이 있어 추억의 낭만의 명소로 알려져 관광객들이 몰리며 각광을 받고 있다.

일제 식민지에서의 군산문학의 대표작인 〈탁류〉 작가 채만식을 만나야 한다. 금강하구언 강변에 위치한 채만식 문학관을 가면 채만식을 만난다. 이미 고인이기에 다만 채만식의 집필 장면의 마테킹만을 보게 되는 것이 아쉬운 일이다. 〈탁류〉의 무대인 금강을 문학관에서 바라볼 수 있다. 널따란 앞마당의 조경과 환경을 보면 놀라지 않을 수 없다. "전국의 남녀대학생, 문인단체, 문학에 관심 있는 관광객 등 하루면 평균 몇 명씩이 찾아오고 있다."고 문필환 관장은 설명한다.

한강이남 최초의 3 · 1운동발상지인 구암 동산이 있다. 3 · 1운동항쟁의 역사적장소로 3 · 1운동 기념관과 나라 상징, 독립정신을 기리는 조형물이 있다. 최초라는 말이 이어지지만 군산의 첫 개항지인 내항에는 세계 최초의 함포해전으로 기록되는 진포대첩의 역사적 현장이 있다. 이곳을 진포해양공원으로 이름하여 1만 톤급 함정과 육해공의 퇴역장비 13종과 16대가 전시되어 있어 진포대첩의 산 교육장이 되고 있다.

## 옛 사람 생활상 근대박물관과 군산 상징의 월명공원

시내 중심지인 월명동에는 1930년대 일본강점기에 사용한 일본식 상가를 근대역사체험관으로 보수하여 '고우당'이라 하여 숙박체험관, 선술집, 카페 등 체험관을 만들어 사용하고 있다. 그야말로 먹거리, 일본식 냄새, 그리고 다양한 진풍경을 볼 수 있는 곳이다. 이곳에서 멀지 않은 수탈한 쌀의 운송 종착점에 '근대역사박물관'이 있다. 박물관에는 과거 무역항으로 해상물류 유통의 중심지인 옛 군산의 모습과 근대 문화적 생활상인 해상물류역사관, 어린이박물관, 특별전시관, 근대생활관, 기획전시실 등이 있어 군산의 대표적 상징으로 평가받고 있다. 필자는 내 고향이기도 하지만 역사는 소중하기 때문에 가끔 찾곤 한다. 잊지 않으려고.

뭐니 뭐니 해도 군산엔 월명산을 월명공원으로 만들고 군산을 지키는 수시탑이 있다. 월명산은 군산시내의 천연병풍이다. 월명산 최정상에 오르면 북쪽에는 금강이 동쪽에는 만경강이 서쪽에는 서해바다, 그 서해에는 고군산 군도가 눈 아래에 군도의 자태를 뽐낸다. 그런가 하면 옥구평야를 넘어 금만평야의 끝없는 기름진 호남평야를 대변해 주고 있다. 멀리는 익산의 미륵산이 선하게 눈 안에 들어온다. 이렇듯 사방이 한눈에 들어오는 절색의 공원으로 봄이면 벚꽃으로 가을에는 단풍 등으로 수놓아 전국의 관광객들을 유혹하고 있다. 그것뿐인가, 월명산 안에 사계절의 기후에 따라 온갖 형상으로 피어오르는 절묘한 동양화 한 폭의 그림을 그리는 군산 수원시. 시민의 체력장으로 헌신하는 월명산은 관광버스를 이용하는 관광객들이 찾아든다.

또한 옥산 수원지로 통하는 창암산과 옥산 수원지. 근년에 접어들어 모두가 둘레길이 조성되면서 어느새 전국의 관광명소로 자리잡아가고 있다. 이곳을 걸으면 호수를 품안에 담는 감정이다. 한번 다녀가면 다시 찾아지는 월명공원과 청암산은 군산시민들의 앞마당이다. 그래서 명품공원, 명품 산이라 부른다. 참으로 자연의 미적 아름다운 풍광을 담아 국민들에게 선물해 주고 있어 필자는 군산의 보배로움에 항상 감사한 마음이다. 여기에 군산의 자랑거리 중 하나인

은파유원지를 빼놓을 수 없다. 은파호수로 알려진 이곳은 물빛다리와 수변로의 둘레길. 특히 둘레길을 돌다 보면 화가에게는 한 폭의 그림, 문인에게는 "그냥 가시려 합니까?" 하는 인사말을 듣는다. 그냥 스치는 풍광이 아니다. 필자는 이곳을 무대로 한 몇 꼭지의 수필을 쓴 적이 있다.

## 대한민국 지도를 바꾼 새만금

새만금사업은 천지개벽으로 한반도 지리역사를 바꿨다. 21세기에 접어들어 오늘의 새만금 역사는 필자가 전북일보 기자 시절인 1978년 "우리나라의 국토확장과 식량안보차원에서 한반도 서해안에 지도를 바꿀 만큼의 대단위간척사업을 해야 한다."는 필요성을 지상을 통해 공론화 시켰다. 그로부터 5년 후인 1983년부터 농림부에서 정식으로 사업계획을 수립하기 시작한 것이 1991년 11월 28일 '새만금'으로 명명, 부안군 변산면 대항리에서 역사적인 기공식을 가졌다. 필자는 당시 전라북도 의회 의장 자격으로 도민을 대표하여 테이프커팅을 했다. 필자가 주창한 새만금사업이 국책사업으로 책정, 도의회 의장이 되어 기공식에 참여한 것은 언론인으로서는 최고의 영광이요 보람이 아닐 수 없다. 그러나 새만금사업이 본격화 되면서 숱한 시련을 겪었지만 33.9km라는 세계 최장의 방조제가 탄생되어 국내 관광객은 두말할 나위 없지만 외국인들도 엄청나게 다녀가고 있는 실정이다. 특히 한국인이라면 한 번쯤은 다녀갈 필요가 있다. 군산을 찾는 관광객이라면 "새만금현장을 다녀가야 군산을 다녀왔다." 라고 말할 수 있다. 대한민국 지도역사를 바꾼 세계최장의 방조제이기 때문이다. 오늘도 도로를 개설하는 대형 덤프트럭 소리, 근로자들의 바쁜 발걸음은 지도를 바꾸는 주인공들로서의 긍지는 대단하리라고 본다.

새만금 제방 밖에는 서해의 고군산 군도가 바로 눈앞에 있다. 16개의 유인도와 47개의 무인도로 구성되어 있는 고군산군도는 새만금제방이 완공되면서 섬과 섬을 연결하는 연육교가 가설되고 있다. 군산에서 비응항을 거쳐 야미도, 신시도, 무녀도, 선유도, 장자도까지 연결하는 작업이 한창이다. 현재는 군산-비응항-야미도-신시도-무녀도 중간지점까지는 지난 6월 개통을 하여 차량통행이 붐비고 있다. 관계자는 무녀도-선유도-장자도는 내년 말까지 완공, 완전 개통할 예정이라고 한다. 자연의 창조물인 고군산군도는 천혜의 비경이며 그 유명한 최치원 선생이 고군산 출신이라는 설까지 나도는 상황이다. 그러나 최치원 선생의 "신시도 월영봉에서 글을 읽었다."는 설화는 그럴듯한 장소에 널따란 돌들이 있다.

필자는 야미도가 태생지로서 고군산군도는 특히 유인도는 몇 번씩 다녀 마을마다의 사정을 아는 편이다. 전북일보 재직 시에 〈섬. 섬. 섬〉 제목으로 전북의 유인도 전체를 현지 취재하여 기획 연재를 한 바 있다. 특히 무녀도에서 여름날 사진부 기자와 함께 바지락회 무침을 배도 고팠지만 얼마나 맛있는지 두 접시나 먹은 것은 몇 십년이 지났어도 기억을 지키고 있다.

필자는 바다와 섬, 그리고 수평선, 파도, 이루 헤아릴 수 없는 천태만상의 대 자연과 우주의 공간에 매료되어 오늘도 그 파노라마는 멈추질 않는다. 그래서 군산은 부둣가의 비린내, 굴뚝의 연기, 항만, 공항, 철도, 벨트형 관광지, 그리고 바다와 강, 명품 산, 공원이 역동성을 지니고 있기에 사람 냄새가 진동을 하는 곳이다. 바닷가에서, 사랑채 툇마루에서, 어느 곳에서든 수없는 형상의 낙조를 보아왔다. 물결 펄럭이는 갈매기 형국의 낙조, 수평선에 잡혀먹는 해넘이, 단 1초도 어김없이 자취를 감추는 찬란한 태양, 그러나 함몰되는 태양은 동녘에서 솟아오르는 내일을 기약해 준다. 월명공원 선림산 서쪽 끝자락의 은적사 풍경 소리를 듣는다. 군산 사랑의 역사를 더듬어 본다. 태양의 솟구침도 낙조의 현장도 자연의 풍광과 함께.

2016. 4.

# 캐나다 문학기행

## (1) 설파산에서 본 로키산맥

설파산 정상에서 바라본 로키산맥이 펼친 설국雪國은 지상 파노라마다. 내 생전에는 기대하지 못했던 로키의 산맥이 펼친 장관을 보는 순간 '야~~.' 하는 감탄사가 절로 나온다. 해발 2,281m의 정상까지 곤돌라를 일행 4명과 함께 성상에 오르면서 좌우, 위아래를 보는 순간마다 아래에는 잔설이 중간쯤에는 숲속에 내려앉은 눈으로 정상에 오를수록 눈의 나라임을 보이고 있다.

곤돌라 속에 앉은 일행은 서로서로 눈을 마주하며 탄성을 지르기도 하지만 '곤돌라가 잘 올라갈까.' 하는 두려움도 약간은 있어 보인다. 나도 마찬가지이다. 그런가 하면 중간쯤에 오르자 눈속을 걸어서 올라가는 사람, 내려오는 사람들이 간간히 보여 '저 사람들은 어떻게 저렇게 눈 속을 걸을까?' 하면서도 부럽기도 했다. 정상에 오르는 동안 사방의 숲은 울창하여 가이드에게 수령樹齡을 물었더니 평균 2백 년씩은 된다는 것이다.

정상에 오르자 관광객들로 발 디딜 틈이 없다. 오를 때도 1백m이상 줄서기를 했는데 정상은 더욱 붐비고 있다. 세계에서 로키를 찾는 관광객은 1년에 평균 3천만여 명이 사계절 찾아와 캐나다 도시가운데 캘거리가 가장 부자라는 것이다. 정상에서 바라보이는 사방은 만년설로 뒤덮여 있고 쨍쨍한 햇빛까지 볼 수 있어 만년설은 눈이 부셔 선그라스를 쓰지 않으면 도저히 관망하기가 어려운 상태다. 그러고 보니 선그라스 안 쓴 사람은 한 명도 없는 것 같았다.

산마다 만년설로 장식되어 천하를 부럽지 않게 신의 조화를 감상할 수 있지만 협곡의 사이사이에는 눈이 아닌 숲이 묘한 모습을 보이기도 하여 일행 중 백승국 선배와 한참을 웃기도 했다.

언제 또 오겠느냐는 마음이지만 남는 건 사진뿐이라는 생각으로 사방을 무대로 마음껏 찍어댔다. 아마도 1백 컷은 넘을 것이라는 계산이다. 무던히 찍어댔다. 나는 백 선배와 함께 로키지역에서 생산됐다는 흑맥주 한 병씩을 마시며 정상 아래의 호수, 강, 멀리 보이는 괴암 석과 함께 시원스런 맥주로 부푼 마음과 눈의 잔치를 만끽했다. 하산하기 위해 늘어선 줄은 무려 2백m도 넘어 한참을 기다려야 했다. 이날따라 날씨가 너무 좋았다. 사람들 모두는 행운이라고 한다. 하산을 하여 버스에 승차하자 너나 할 것 없이 일행들은 "이번 캐나다 여행은 본전의 몇 배를 뽑았다."며 젊은 층에서는 한 번 더 와야 겠다는 다짐들이다. 로키산을 중심으로 거주해온 인디어들의 집단거주지였던 마을에 있는 밴프 산장호텔에 여장을 풀었다.

물론, 저녁식사는 로키의 전형적인 현지 식으로 맛을 즐겼다. 잠

자리에 쉽게 들을 줄 알았으나 낮에 본 설파산 정상에서 바라본 산맥마다의 만년설과 자연의 풍광은 잔영에서 사라지지를 않아 한참 동안 상념想念에 잠겼다.

2016.

## (2) 환상의 부차드 가든

역시 세계적인 명성을 날릴 만해 보였다. 세계 3대 테마정원으로 알려진 캐나다의 빅토리아섬에 있는 부차드 가든butchart Gardens. 지난 10월 21일 사)한국수필가협회의 해외심포지엄이 캐나다 밴쿠버에서 개최되었다. 나는 금년도 한국수필문학상 수상자이기도 하지만 심포지엄의 패널로 지정을 받아 참여를 하게 됐다. 그렇지 않아도 아들과 손주로 인해 캐나다와는 인연이 있어 관심이 있는 나라인데 다시 한번 갈 수 있는 기회가 주어져 감사한 마음으로 일행이 되었다. 행사 전날인 20일에 도착하여 일행은 캐나다의 브리티시 콜럼비아 주정부가 빅토리아섬에 있는 데다 세계적으로 유명한 테마정원인 부차드가든이 있기도 하여 빅토리아를 안 갈 수가 없는 곳이다.

설레는 마음으로 밴쿠버의 트와센 항구에서 1만 톤급의 페리호에 승선, 42km를 1시간 40분에 걸쳐 섬 사이들을 헤치며 빅토리아 스와츠 항구에 도착했다. 그러나 이미 땅거미가 드는 시간이라 부차드

가든은 다음날 아침에 가고 우선 야경을 뽐내는 브리티시 콜럼비아주 정부청사를 보았다. 휘황 찬란한 불빛은 3,333개의 등불이 켜져 일행의 눈길을 휘어잡았다. 바로 그 앞에는 6 · 25당시 우리나라에 유엔군으로 참전했다가 순직한 군인들의 참전비가 있어 회원 모두는 묵념을 했다. 나는 저녁 식사 후 한국수필문학상 수상에 대한 한턱을 내기로 하고 호텔 부근 바로 안내하여 빅토리아섬의 고유한 맥주 안주에 생맥주를 각자 마실 만큼씩 마신 뒤 숙소로 돌아왔다.

다음날 준비된 버스로 30여 분을 달려가니 입구에서부터 달라 보였다. 총 부지는 53헥타르(15만 9천 평)로 7개 가든의 특성을 살리며 동서의 나라 별 가든을 조성해 놓았다. 약 2백 년의 역사를 지닌 이 정원은 남편 로버트 핌 리처드가 석회암을 채굴하여 인근 시멘트 공장에 공급을 하면서 채굴된 산이 너무도 험악해 보여 부인 제니 부차드가 나무 한 그루씩을 심기 시작하면서부터 오늘의 세계적 명성을 떨치는 정원이 되었다는 설명이다. 부부는 세계여행을 하면서 희귀하고 이국적인 관목과 나무, 꽃들을 수집하여 가장 깊이 파인 선큰sunken가든을 조성했다. 이 가든은 전망대에 오르면 너무도 아름다운 정경과 깊은 웅덩이에 고인 쿼리호수가 잔잔함을 보이며 한쪽 끝에는 21m의 분수대가 물을 뿜고 있다. 채굴된 비참한 모습은 간데없고 호수와 분수만이 관광객들을 유혹하고 있다. 그 옆에는 장미꽃으로 조성된 장미 가든이 있다. 장미넝쿨로 여름 아치를 만들어 놓았는가 하면 이는 7, 8월의 넝쿨장미는 터널을 이룬다고 한다. 이웃한 일본식 가든은 히말라야 파랑양귀비꽃이 자태를 뽐내며 세계적으로 유명한 꽃들을 일본인 조경전문가에 의해 1906년에 조성되었다는 설명인데 나는 순천의 한국식 정원이 없어 못내 아쉽기도 했지만 한편으로는 일본식만 조성한 데 대한 불만을 토로하기도 했다. 중간에 별 연못star pond이 보인다. 별 모양의 이 연못은 별의 꼭짓점 사이에 형형색색의 꽃들이 중앙에 자리잡고 있어 보는 이들은 "야 예쁘다."라는 감탄사를 연발한다. 나도 "몹시 예쁘다."고 중얼거렸다. 이태리식가든은 원래 부차드 가족들의 테니스 코트장을 1926년에 개조하여 이태리식 정원을 만들었다고 한다. 나는 이보다는 이태리식 광장에 더 눈길이 갔다. 멧돼지 동상과 타카를 세워놓은 이태리식 광장, 다이닝룸 레스토랑, 불루 파피 레스토랑, 물레바퀴 광장 등이 눈길을 끌었다. 지중해 가든은 온화한 기후를 기념함과 동시 채석장 원래 모습을 살리기 위해 세계에서 동일한 성장여건에 맞는 식물들을 수집하여 심어 놓아서 그런지 이곳에서 세계 각국의 식물을 볼 수 있었다.

숲속의 지상낙원을 찾아온 느낌이다. 수종樹種조차 알 수 없는 나무숲, 기상천외한 꽃들, 높고 낮음에 걸맞은 정원조성, 마음껏 기괴함을 부린 정원이기에 테마가 있는 세계적인 정원으로의 가치를 지닌 것이 아닌가 싶었다.

2016.

## (3) 만년설 사랑의 유혹

만년설의 고향인 로키산은 천하의 일색이 아닐 수 없다. 제아무리 미모의 여인네도 만년설 옷으로 단장한 로키산만은 못하다. 반색을 하며 사랑하는 사람을 맞이하는 꽃다운 여인도 한쪽에 물러서서 지켜볼 뿐이다. 로키산맥의 만년설과 사연의 풍광은 그저 작은 입을 펼쳐 보이기에도 힘들 지경이다. 캘거리에서 로키산을 가기 위해 캐나다 동서를 관통하는 고속도로 1번을 달리면서 보이는 로키산은 인간의 감정을 억누르지 못하게 하고 탄성을 자아내게 충분하다.

유네스코 세계문화유산 지역으로 지정된 벤프를 향한 하이웨이에서 바라본 로키산맥의 웅장함과 자연의 자태는 오직 신화적 존재로밖에는 감성이 떠오르지 않는다. 양옆의 광야의 목장은 띄엄띄엄 누런 소들이 한가로움을 선물하며 눈길을 못 떼게 하는가 하면 로키산은 "빨리 달려오라."며 손짓을 하는 감정을 뿜어내고 있다. 필자는 한국수필가협회의 2016년 10월 해외심포지엄 행사일원으로 참여하여 캐나다를 가게 되었다. 행사를 마친 일행들은 일정에 따라 그렇게도 소망했던 로키산맥을 달려가는 마음은 무어라 표현할지 모를 감정에 휩싸였다.

현실로 나타난 로키산맥을 향하는 마음은 눈에 보이는 자연의 경이로움 모두는 신기하게만 보였다. 로키산맥의 장대하고 웅장하며 자연의 조화로움을 보는 필자는 평생 소원을 푸는 감정 그대로다. 로키산맥이 가까워지면서 요정의 굴뚝이라 불리는 기괴함은 감상록을 적시는 데 충분하다. 또한 척박한 지형인데도 캐나디언 배드랜드Badland라고도 불리는 드럼헬러에서 수백만 년의 세월 속에서 탄생된 경이로운 자연조각품을 창조해냈을 것이라는 감상은 무한했다.

일행들은 밴프에서의 스프링스 호텔 감상은 빼놓을 수 없는 관광지라는 것이다. 필자도 한몫 끼어들어 스프링스 호텔을 배경으로 계곡 건너편에서 기념사진을 한 컷 했다. 이 호텔은 120년의 역사를 지니고 있으며 720개 객실과 국립공원 내의 명품호텔로 몇 개월 전에 예약이 가능하며 하룻밤 객실 요금은 최하가 무려 80만 원이라고 한다. 바로 아래에는 로키산맥에서 흐르는 보우강이 있으며 또한 보우폭포가 흐르고 있다. 그런가 하면 이 보우강은 마릴린 먼로가 주연을 한 〈돌아오지 않는 강〉을 촬영한 곳으로도 유명하여 지금도 로키를 찾는 관광객들에게는 지정 코스라고 한다.

로키산맥의 초입에 불과하지만 산속 깊숙이 들어와 있어 해 지는 시간이 빨라질 것 같아 필자는 속내 마음이 바쁘다. 그러나 멀리 보이는 로키산맥은 햇빛으로 하야 눈의 꽃을 보이고 있어 한편으로는 걱정이 안 되기도 했다. 다음 코스는 해발 2,281m의 로키산맥 꼭짓점 하나인 정상을 곤돌라로 올라가도록 되어 있어 가슴이 부풀어 오른다.

2016.

## (4) 요호 계곡의 빙하와 로키의 진주

캐나다 로키 4개의 국립공원 중 하나인 '요호'공원은 한마디로 '매혹의 요충要衝공원'이다. "로키산맥을 찾았다." 하면 '요호공원'에서 계곡의 오묘함과 빙하를 보면 "이런 자연의 풍광을 보아야 계곡다운 계곡, 거기에 빙하의 첩첩이 쌓인 얼음 속의 사정을 헤아려 음미해 볼만함의 감정을 두드릴 수 있기 때문이다.

나는 그 장엄하면서도 매끈거리며 찬란하게만 보이는 감정은 마치 연인의 앞가슴에 얼굴을 묻은 환상에 젖었다.

'요호'는 원래 인디언어로 "훌륭하다", "굉장하다"라는 뜻으로 그만큼 '요호'의 국립공원은 웅장함의 자연을 천혜로 탄생시킨 유물로 지상에서 볼 수 있는 신의 산물이 아닌가 싶었다. 이를 잔영으로 남겨둔 채 에메라일드호수를 찾았다. 협곡 속에 묻어둔 이 호수는 산에 가려 아침 안개가 호수 한쪽에서 피어오르고 있어 창가의 커튼을 살짝 젖히고 미모의 얼굴을 내미는 아름다운 소녀 같았다. 바로 그 위에 장엄히 굽어보는 높은 삼각산은 응달진 곳은 살아있는 눈으로 덮여 있고 한쪽은 기암괴석의 험한 모습을 '나 좀 보아라.' 하는 모습을 내놓고 있다. 나는 이 호숫가에서 조그만한 돌멩이 하나를 주어왔다. 요모조모의 모습이 담긴 기념사진도 찍어댔다.

빼놓을 수 없는 세계 10대 절경 중 하나인 레이크 루이스호수를 찾았다. 로키산의 진주라 불리는 이 호숫가에는 죽기 전에 꼭 하룻밤은 거쳐 가고 싶다는 샤또 레이크 루이스 호텔을 보았다. 비록 하룻밤의 역사는 못 치르지만 밖에서 구경이라도 마음껏 해보자는 심산으로 한참을 물끄러미 쳐다보았다. '역시 한 세기가 훨씬 넘은 역사속의 호텔이면서도 관광객들의 호기심을 잡아당기는 마력을 지니지 않았나.' 하면서 서울의 조선호텔이 떠올랐다.

어젯밤 내린 눈은 모두 녹지를 않아 발걸음이 조심스러워 총총걸음들이다. 호숫가를 반 바퀴 도는 코스에는 관광객들로 붐비지만 나는 루이스 호텔 부근에서 기념사진도 찍지만 호수를 바라보면서 내 고향 서해의 야미도 앞 바다가 연상되었다. 서해의 끝없는 수평선을 그려보면서 이 호수는 사방이 막힌 호수라는 데서 야미도에서 바라보는 수평선만 못해 보였다. 그러나 이 호수는 해발 고도 1,732m, 최대 수심 70m, 길이 2.4km, 폭 1.2km의 빙하에 의해 깊이 파인 땅에 빙하가 녹으면서 호수가 됐다. 캐나다 로키에서는 가장 아름다운 호수로 유명하며 연간 2백만 명이 찾을 정도이며 특히 사진작가들이 최고로 꼽는다고 한다.

눈과 얼음이 덮인 빅토리아 노스피크 빙하 산을 배경으로 보이는 이 호수는 계절마다 다른 색깔을 준다는 가이드의 설명을 들으면서 호수 가장자리에 녹지 않은 눈들과 옆 산의 호수에 비치는 그림자는 한 폭의 동양화이면서도 유화의 모습을 더듬어 보았다.

캐나다가 영국식민지였을 때 영국의 공주가 이곳 호숫가를 매일 같이 거닐면서 또는 바위에 앉아 글과 그림을 그리며 세월을 보낸 것으로도 유명하다는 전설 같은 얘기가 전해오고 있다는 설명이다. 나는 그것보다는 자연의 조화와 그의 보존이 얼마나 소중한 일인지에 대한 상염의 침묵이 흘렀다. “자연은 인간에게 무한한 자산이요 마음의 근본”이라는 깨달음이 내 마음을 사로잡았다.

2016.

## (5) 토론토의 잔영

캐나다 토론토 시 청사는 창조적 예술품이다. 신축 당시 세계 42개국에서 500여 명이 응모했으나 이 가운데 무명 건축사 핀란드 태생의 빌조 레벨(1910-1964)이 당선됐다. 심사위원단은 "민주주의 정부의 비전을 가진 신신하고 풍부한 모더니즘을 살 나타낸 작품"이라는 심사결과를 이유로 들었다.

빌조는 돔을 올린 원형인 시의사당과 높이가 서로 다른 곡선형 타워 두 개로 설계했다. 특히 기단부에서 솟아오른 두 개의 타워는 안쪽 표면은 유리와 스테인리스 스틸, 반원형의 바깥쪽 파사드는 질감을 살린 철근 콘크리트로 하여 서로를 향해 안으로 살짝 굽어 있도록 했다.

그러면서도 두 개의 건물 가운데에서는 하늘을 보고 있는 특징과 현관 내부의 오른쪽 한 면벽 전체에 철 못 10만 개를 사용, 메트로폴리스 원을 토론토의 상징물로 장식해 놓았다. 논란의 여지를 남기기도 했지만 예술성에 대한 높은 평가와 인기리에 1965년 준공했다고 한다. 그러나 작가인 빌조는 준공 몇 달 앞두고 사망하는 안타까움을 남겼지만 지금도 찬사와 인기는 머무르지 않고 토론토를 찾는 관광객들에게 필수 관광코스로 되어 있다.

시 청사 앞의 광장 내에 여름에는 풀장으로 겨울에는 스케이트장으로 사용하는 시설을 하여 특히 어린이들에게 큰 인기를 누리고 있다는 설명에 반쪽 제공(스케이트장)을 하는 서울 시청 앞 광장이 떠올랐다.

지난 10월 한국수필가협회 캐나다 밴쿠버 해외 심포지엄에 참석한 나는 일행과 함께 몇 군데 관광을 하면서 토론토의 시 청사와 피엔 타워, 나이아가라 폭포 등을 찾았다. 토론토 시 청사를 돌아보기 전에 피엔 타워(533,33m)를 갔으나 전망대는 올라 가보지도 못 하고 밑에서 높은 타워의 끝을 보느라 고개만 아팠다. 대신 타워 바로 옆에 기차박물관, 맥주공장을 구경하면서 갈증을 녹이는 시원한 시음 맥주 한 잔을 맛보았다.

또한 전용차량에서 바라보는 온타리오 호수는 끝이 안 보이는가 하면 로얄 온타리오 뮤지엄은 세계 문화와 자연, 그리고 역사를 담고 있는 캐나다 최고의 대형 박물관에서 캐나다의 선주민, 고대 이집트, 공룡과 같은 멋진 작품을 보는 기회를 가졌다. 특히 이 가운데 한국관이 있어 한껏 자부심이 생겼다.

우리의 전통 문화와 동양화, 도자기 등 비교적 한국의 역사를 보여주고 있음은 역시 5천 년의 대한민국 코리아의 위대성을 느끼는 마음은 제발 정치만 잘했으면 하는 마음이 울컥 되살아났다. 박물관 관람을 마친 일행은 나이아가라 폭포를 향해 버스는 달린다.

2016.

## (6) 장엄한 나이아가라 폭포

폭포수가 내뿜는 물기둥은 하늘 높은 줄을 모르고 치솟는다. 용이 승천하려면 물기둥을 따라 하늘로 올라간다는 말을 실감케 한다. 어두컴컴한 시간에 나이아가라 폭포 전망대에 도착한 일행은 전망대내 회전무대 레스토랑에서 내일 점심 예약을 하고 무료로 전망대에 올랐다. 나이가라 지역 전체의 야경도 야경이지만 그보다는 위에서 내려다보는 폭포의 오색 불빛을 타고 치솟는 물기둥과 낙차 풍광은 환상적이다. 사방을 둘러보면서도 폭포의 야경에 눈이 쉽게 떼어지지 않았다. 확실한 유혹의 마력을 지니고 있음에 틀림없음을 실감했다.

인근 숙소에 돌아온 나는 잠자리에 들면서 1980년대에 역시 나이아가라 폭포를 캐나다 쪽에서 바라본 적은 있지만 10대 청소년도 아닌데 야경을 보고 내일 낮에도 볼 수 있다는 설렘 속에 잠이 들었다. 아침 햇살과 함께 동작을 개시한 나는 부푼 가슴을 안고 나이아가라 폭포를 향해 달려갔다. 주변 환경이 전에 봤을 때와는 딴판이다. 시설이 그만큼 많아지기도 했지만 관광에 더욱 편리하도록 만들어 놓았다. 세계 각국에서 온 관광객들로 인산인해를 이루고 있다. 모두는 붉은색 1회용 비닐 비옷을 입고 드디어는 폭포 바짝 밑에까지 다녀오는 관광선NORNBLOWER에 탑승이 완료되자 기적을 울리며 부잔교(뜬다리)를 떠난다.

유람선에 탑승한 모두는 사진작가가 된다. 한 컷이라도 놓칠세라 스마트 폰을 비롯한 크고 작은 카메라 셔터를 눌러대는 소리는 그치질 않는다. 나도 마찬가지이다. 폭포 밑 바짝 다가가자 약간은 염려스럽지만 안전성은 보장이 되리라는 믿음에서 그보다는 물보라의 치솟는 기둥에 온통 신비로움까지 느끼면서 배가 도는 순간마다 한 장면이라도 놓치지 않으려는 욕심에 꽉 차 있다. 눈이 휘둥그레진다. 비옷은 촉촉하게 젖고 갑판 위를 빼곡 메운 사람들은 탄성을 지르며 기쁜 모습들이다.

선착장에 도착하는 기적 소리와 함께 하선하여 주변을 거닐었다. 축대난간 위에 갈매기 한 마리가 올라앉아 두리번거린다. 아마도 짝을 찾는 모양이다. 어디선가 갈매기 한 마리가 날아와 선회하면서 무언가 소리를 내자 달려가 짝을 이루고 날아간다. 헤어진 연인을 찾은 듯 장소를 옮기려 날아가기에 사람이나 동물이나 짝을 이루는 모습에 축하를 해주었다. 점심시간에 맞춰 전망대 레스토랑에 올라갔다. 이곳에서는 사전 예약이 아니면 자리를 잡을 수 없을 만큼 항상 초만원을 이룬다는 것이다. 스테이크 점심도 중요하지만 전망대에서 바라보이는 폭포수의 광경은 눈을 떼지 못하게 만든다.

찬란한 풍광 속의 오찬은 생애에 잊히지 않을 것 같다. 일행은 나이아가라 지역 주변의 월풀, 직경 12m의 꽃시계, 수력발전소, 세계에서 가장 적다는 교회 등을 돌아보았다. 그러나 나이가라 폭포가 언제부터 만들어진 것인지를 알 수 없을 정도인데 원주민들이 발견되면서도 1년이면 3cm씩 상류로 침식되어 가고 있다는 안내자의 설명에 놀라지 않을 수 없었다. 상당한 거리가 침식, 현재 위치에 있으나 캐나다와 미국 정부가 협상을 통해 낙차수량을 줄이는가 하면 침식방지를 위해 양쪽에 수력발전소와 낙차 전에 수량을 딴 곳으로 옮기기 위해 인공호수를 만들어 저수하는 형편이라고 한다.

넓디넓은 평야와 눈 시름을 하며 토론토 공항 인근의 숙소에 돌아와 저녁 식사를 마쳤지만 일정 전체에 룸메이트로 지내온 백승국 선배(전 언론인)께서 일행 모두를 호텔 인근의 카페로 초청하여 토론토의 전통 안주에 생맥주로 일정을 마치는 피로감을 훌쩍 날려 보냈다.

나는 캐나다에 도착하여 빅토리아섬에서 첫날밤을 맞아 금년도 한국수필문학상 수상 기념파티를 열었다. 그러나 백 선배는 더 훌륭한 여정의 마지막 피날레를 장식해주었다. 다음날 토론토를 뒤로한 일행은 행복한 마음으로 인천공항 귀국길 15시간의 비행여행을 즐겼다. 캐나다 여행을 마치며 내가 보고 느낀 것은 천만분의 일도 안 되는 그야말로 빙산의 일각임을 밝히고자 한다.

2016.

# 애창곡 봄날은 간다

필자는 평소에 백설희의 〈봄날은 간다〉를 좋아한다. 단적으로 말하자면 쓰레기 같은 봄은 빨리 가고 인류에게 아름답고 평화로운 진정한 봄날이 오기를 기다리는 마음에서다. 인류평화를 위한 세계적인 봄날을 기대하지 않는 것은 아니다. 우선 한반도만이라도 신성한 민주주의와 헌법에 보장된 국민이 주인이 되는 그러한 봄날이 오기를 7천만 민족이 기다리는 희망의 봄날을 말하는 것이다.

대한민국 국민은 참으로 위대하며 민주주의 꽃을 피우는 주인공들이라는 사실을 확인하면서 너무너무 가슴이 뭉클했다. 지난 4·13 총선에서 수도권과 다수지역의 국민들은 이명박 정권의 경제대통령이라는 사술詐術과 박근혜 정권의 민주주의가 무엇이고 국민과의 불통, 국회와 새누리당을 휘몰아치는 서슬, 야당의 무존재함 등 수없는 실정失政에 본때를 보였다.

4·13총선은 8년 세월의 두 정권에 더 이상은 경제위기와 청년들

에게 희망을 저버리게 하는 등의 작태에 대해 빠져나오지 못할 정도의 대못을 박아놓았다. 이것이 국민의 힘이요 민주주의가 무엇인가를 확실하게 보여준 교훈이다. 이번 총선에서는 19세 이상의 청년과 중장년, 노년층들도 참다 참다 못해 총칼보다 무섭고 정권야욕의 군사혁명보다 무서운 '한 표'라는 주권행사로 판을 뒤집어 놓은 혁명적 위대함으로 심판을 내렸다. 이는 대한민국 선거사選擧史에 커다란 '획'을 그은 것이다. 대통령에 대한 탄핵 이상의 준엄한 심판을 내린 것이다. 수구세력의 마음을 바꾸게 하는 "못살겠다."는 청년들과 민초民草들의 반란이란 표현도 무리는 아닐 것으로 느껴진다.

지방에서 한명의 국회의원이 당선된 것보다 대한민국 인구의 절반에 가까운 국민들이 내려준 심판이 더욱 의미와 가치가 주어진 것이다. 지방에서의 피땀으로 얼룩진 모습의 대가는 못 건졌다 해도 이 나라의 장래를 가늠케 하는 더불어 민주당의 수도권 대승은 그 아픈 마음을 어루만져주며 나라의 장래를 위한 명쾌한 심판에 환호를 보냈을 것으로 미루어진다. 따라서 영남지역에서 더불어 민주당공천자가 10여 명에 이르는 당선자를 냈으며 전북과 전남에서 2명의 새누리당 공천자를 당선시켰다. 과거 새누리당의 전신들이 만든 지역주의를 타파하는 길을 터놓았다는 것은 참으로 다행스러운 일이기도 하지만 그보다는 국민들이 바라는 것이 무엇인가를 시사하는 바람이기도 하다.

요즘 새누리당이 패배의 늪에서 허우적거리는 모습은 만약 과반수이상의 당선자를 내놓았다면 기상천외의 정치쇼를 부리지 않았을 까하는 두려움이 앞선다. 다행히도 그러함은 고개 숙인 해바라기모습이 연상된다. 그렇다고 더민주당은 제1당이 되었음에 도취되는 망상에 빠지는 일이 없도록 해야 한다.

도탄에 빠진 민주주의와 국민이 주인이 되는 나라, 민생 경제 살리기, 노인문제, 청년일자리와 희망, 국민 모두가 등 다습고 배 부르는 사회건설 등에 당력을 쏟아야 한다. 그것이 4 · 13총선이 더불어 민주당에 안겨준 승리의 심판임을 헤아려 국민들에게 실망감을 던지는 일이 있어서는 안 된다.

따라서 국민의 당도 4 · 13총선으로 인해 덩실대는 춤이 결코 만취滿醉해서 추는 춤이 아니라 국민과 더불어 민주주의의 춤을 추는 형상이 되어야 함을 잊어서는 안 된다. 국민의 기대에 어긋나지 않는 고급정략과 전술을 창출해 야권연대 등 촌스럽지 않는 모습을 국민들에게 보여주어야 할 것이다.

더불어 민주당과 국민의당은 '봄날은 간다'를 국민은 '허상의 봄날'을 날려 보낸 만큼 이제는 민주주의 꽃이 피는 희망과 사계절의 봄날이 오가는 〈봄날은 간다〉를 부를 수 있도록 해야 한다. 이것이 오늘의 명제命題다.

2016.

## 봄날은 가고 장미시대 문 열어

칼바람의 혹한에도 봄은 예약되어 있기에 희망이 살아 숨 쉰다. 자연의 섭리에 따라 사계절이 뚜렷한 우리나라는 계절의 희망이 넘쳐난다. 겨울이 지나면 봄이 오고 봄이 가면 여름이, 여름 가면 가을이, 가을 가면 겨울이 오는 순환적 계절을 자연은 우리에게 어김없는 약속을 지켜주며 또한 우리는 이에 순응한다.

오늘의 삶을 영위하는 인간들은 이를 바탕으로 영적인 삶까지 설계하며 인간다운 인간으로서의 혼의 영역까지를 소유한다.

천부적인 삶이 있음을 추구하는 것은 인간의 본능을 보여주는 것이다. 이러함은 무엇으로부터도 억압받거나 간섭을 받지 않을 권리를 지녔기에 인간 최고봉의 가치를 향유함을 우리는 추구하고 있다.

그러나 우리들에게는 인간가치의 본류를 벗어나 정신적 혼란과 무언가 밧줄에 얽혀 헤어나지 못하는 현실의 굴레로부터 탈출에 몸부림치는 현상이다.

역사의 질곡은 그때마다 사계절을 바라보면서도 화사한 꽃의 나래를 펴는 희망만이 충만한 봄의 향연을 기대한다. 지극한 소망으로 삼는다. 그러나 오늘의 현실은 칼날의 혹한을 넘나드는 국민적 갈등만이 최고조를 이루고 있다.

우리가 바라는 봄은 하해河海 같은 인간 본류의 흐름을 만끽하며 인간다운 삶의 멋진 모습, 사회적 정의와 진실이 역동적이며 생동감이 넘치는 봄이 오기를 기대하고 있다. 지난 2월 초에 전주한옥마을에서 문예에 뛰어난 친구와 함께 하룻밤을 보냈다. 아침 일찍 일어나 앞마당에 환한 미소를 지으며 나를 반겨주는 매화꽃을 보는 순간 드디어 봄이 내 옆에 와있음을 확인했다. 불 꺼진 긴 터널에서 헤매며 언제나 이 터널을 벗어날까 하는 묵언默言에 묻힌 나에게 저 매화는 과연 '우리의 봄을 전해오려나.' 하는 마음 가득했다.

드디어는 새로운 세상의 닻을 올리게 되는 봄은 역사를 바꾸는 벚꽃을 넘어 장미꽃까지 가져다주는 선물을 안겨주었다. 이것이 진정한 봄인가 하며 오늘도 나의 안식처 청암재靑巖齋 오피스텔 창밖의 창공을 바라보며 늘 푸르름의 향연이 넘실거리기를 축원한다.

2017.

## 겨울 백사장

바다는 은빛 찬란하다. 겨울철 대천해수욕장의 저녁노을, 잔잔한 물결은 누비질한 모습으로 떼를 지어 몰려온다. 전망대에 올라가 커피 한 잔 마시는 시간대가 저녁노을이다. 이날따라 약간의 구름이 방해는 하지만 노을은 노을의 자태를 여지없이 보여준다. 물결을 수놓은 은빛에 눈을 뗄 수가 없다. 내 마음은 왜 그런지는 몰라도 한참을 바라보며 빠져드는 느낌이다. 젊음의 추억에 사로잡힌 것인지 아니면 내가 황혼에 접어들고 있음의 반증인지 약간은 상념에 묶인 기분이다. 아니면 그저 황홀하다는 생각만으로 자연의 섭리의 한 장면을 감상하는 기회로 받아들이기로 했다. 그런데도 자꾸만 현실이라는 상념에 젖고 있음을 부인할 수 없다. 갈매기들은 해수욕장을 맴돌고 있으며 어쩌다 검은 구름은 커튼을 잠깐 드리우다 창문의 커튼을 걷어내는 기분이다.

뜨거웠던 커피는 점점 식어 먹기에 알맞다. 한 모금 마시고 나면 다시 고개를 들어 노을에 시선이 집중된다. 내 인생은 결코 황혼이 아니라는 부정을 하면서도 현실을 벗어날 수가 없는 게 솔직한 심정이다. 물끄러미 누비질한 물결을 보면서 바다는 끝이 없다지만 인생은 생명의 한계가 있다는 사실에 그동안 어떻게 살아왔는지가 궁금하다. 하루 세끼의 밥을 먹고 살아왔음은 틀림없으나 무엇을 어떻게 얼마나 인생의 가치를 누리며 살아왔는지를 되짚어 보지 않을 수 없는 마음에 어느덧 노을이 저물어 간다. 오랜 친구는 "무엇을 그렇게 골똘하게 생각을 하느냐."며 "사람이 산다는 것은 다 그런 거야." 하며 자리에서 일어난다. 노을을 보기 위해 겨울 나그네들이 심심찮게 몰려들어 전망대 휴게실은 만원이다.

해수욕장을 거니는 젊은 남녀 커플들도 하나씩 어디론가 가버린다. 해변의 상가들은 찾아오라는 갖가지 조명으로 손님들을 유혹한다. 잠시 상념에 사로잡힌 나는 친구와 함께 어느 주막을 찾았나. 소주산을 기울이면서 인생론을 펴는 것이 아니라 6 · 13지방선거는 무엇이 쟁점이며, 평창 올림픽은 잘될지, 정치권의 현실 등 사회적인 문제에 대한 토론을 벌이는 술자리가 되었다. 신문기자 생활에 젊음을 다 바쳤고 정치도 해보았고 현재는 문인생활에 전념하는 입장에서 자연히 현시론에 톤을 높여간다. 겨울해수욕장과 저녁노을, 그리고 바다와 함께 하우의 여행을 즐긴다. 결국 해변의 주막에서 소주잔에 젖어들어 세상 평론가가 된 기분으로 하루를 마무리한다. '지구는 돌고 돌면서 자연의 섭리를 창조하지만 인생은 유한하다.'는 사실을 실감케 한다. 백사장에 쓰인 글씨는 밀물이 쓸어간다. 이것이 역사인가 싶다.

# 김철규 인생(미니 여정)

## (1) **학창시절의 알바 생활**

바람에 흩날린 구름은 헤어지면서 다시 만난다. 우주공간에 존재하기 때문이다. 물론, 자연 소멸되는 구름도 있기 마련이다. 그러나 헤어지고 또 만나고 하면서 자연의 섭리가 무엇인가를 보여주는 교훈을 남긴다. 사람 사는 것도 마찬가지일 것이다. 죽음으로까지 가져간다면 별 문제이겠지만 그렇지 않다면 되돌아 만나기 마련이다.

1940년생이면 2019년이 80세이다. 과거에 비하면 엄청난 나이이다. 의학의 발달과 음식물섭취와 사회 환경변화가 가져다 준 선물이 아닌가 싶다. 그러하지 않은 사람도 많겠지만 대체적으로 그의 적용을 받을 것이다. 필자가 어느덧 80이 된 것이다. 유년시절에 생모를 여의면서 가사에 엄청난 변화를 가져왔다. 필자는 초등 6학년이지만 밑의 동생들은 5명이나 되었다.

30대 나이의 부친은 사업 실패를 거듭하면서 가족부양에도 고통의 연속이었다. 지금의 군산시 옥도면 야미도리 조각섬이 고향이다. 이곳에서 군산유학을 보낸 부친께서 학비지원이 어렵게 되어 결국 나는 중학교 2학년부터 오늘의 알바를 시작했다. 일본식 집 다다미 12장 크기의 창문도 없는 방(주사기 공장 숙소)에서 미군 담요 한 장으로 겨울을 보내야 했다. 낮에는 학교에 다녀오고 밤이면 공장 경비를 맡아왔다.

남의 집 점포 경비, 악기점 점원 등 알바의 연속이지만 판검사되겠다는 인생목표를 위해 사력을 다해가면서 고등학교를 마치고 서울의 K대학 법학과를 진학했다. 자력으로 학비, 생활비를 조달하면서 학교를 다녔으나 2번의 고시에 실패하여 결국 고시 준비를 계속하려면 경제력이 필요한 데다 건강의 위협까지 받았다. 여력이 여의치 않아 포기를 하고 취직을 하여 경제력을 쌓은 뒤 정치하겠다는 결심을 했다.

서울의 국책연구소 산하 시사 잡지사에 취직이 되어 근무를 하는 도중 중학교 담임선생님이시던 고자봉 선생님(당시 군산 출신 김판술 보건사회부 장관 정책보좌관)이 김판술 장관님모시고 군산에 내려가 1967년 6·8선거를 성공적으로 잘 치르라는 말씀에 선생님모시고 군산에 내려왔다. 여관에 숙소를 정하고 새벽에 나가 밤중에 들어오는 행동에 경찰로부터 오해를 받기도 했다. 김판술 국회의원 후보 비서라는 사실을 알게 되면서 오해는 풀리고 오히려 협조적이었다.

당시 공화당 차형근 후보(변호사)가 당선이 되었으나 무녀도 환표사건이 터져 결국 국회의원 선서만 마치고 당에서 제명을 당하는 정치적 비운을 맞고 정치생명을 마감했다. 나는 1년 동안 김 장관님과 함께 선거무효, 유령유권자 조작 등 혐의로 소송 준비와 함께 군산 당사에서 밀가루 선거, 고무신선거, 환표사건 등을 내세우는 6 · 8부정선거 규탄대회를 계속했다.

이 규탄대회는 결국 군산 신민당 당사 난립사건으로 발전해 당시 전 모 경찰서장 직위해제 등 군산의 정치수난사를 겪어냈다. 당시 필자는 백효기 여사(고인 군산 백약국 약사 전북도의원)의 권유로 구 군산경찰서 앞 신민당사 2층에서 확성기를 이용, 부정선거 규탄구호를 외치며 2시간여가 흐르는 사이 경찰의 당사 침입사건이 벌어진 것이다.

1년이 지난 후 정치를 하려면 신문기자를 해야 빨리 사회를 배울 수 있다는 판단 아래 1968년 8월 전북일보에 기자로 입사했다. 본격적인 언론인 생활이 시작됐다.

### (2) 새만금 기사 최초로 쓴 기자

10년 이내로 언론인 생활을 마치고 정계에 투신해야 한다는 마음으로 취재를 통한 사회공부에 열중했다. 군산에는 갑을 두 지구당 위원장이 현역 국회의원이라 호시탐탐 기회를 노렸지만 여의치 않아 결국 1990년까지 현역언론인 생활을 마치고 1991년 6월 30년 만에 지방자치제도의 부활로 도의원선거가 실시됨에 따라 당시 옥구군 제

1선거구에 입후보하여 70%의 득표로 무난히 당선이 되고 전북도의회 의장 선거에서 5명의 의장 후보 중 50명(정원 52명 중 2명 결석) 투표에 43표를 획득하는 영광을 안아 4대 의장이지만 사실상 초대 의장이 된 것이다.

운영 규정마저도 준비부족 상태에서 출범을 했다. 필자는 지방자치제도의 본질에 부합하고 주민이 주인이라는 지방자치정신에 따라 이를 구현하는 데 최선을 다했다고 자부한다. 의장선거 당시 탈락한 반대파의 몰지각한 사연도 있었으나 모두는 담아내는 아량이 필요했다. 2년의 임기를 마치고 연임의 권유를 상당히 받았으나 나 아니면 안 된다는 사고방식 뜯어고치고 다른 사람에게 기회를 주는 정치적 배려가 있어야 한다는 결심을 했다. 연임 포기, 다른 후보 선택이라는 셈법을 택한 것이 지금 생각해 보면 쉽지 않은 일이지만 참으로 잘했다는 판단이어서 보람 있는 일 중의 하나로 꼽힌다.

필자는 전북도의회에 진출하면서 김원기 전 국회의장님을 알게 되었다. 참으로 인격자이시고 모든 사안에 후회 않는 신중함에 머리 숙여진다. 현실정치를 접었지만 나는 지금도 앞으로도 존경을 할 것이다. 정치권에서 많은 사람들을 접촉했으나 그분만 한 인격자를 못 보았다. 나에게 많은 관심을 가져주심만이 아니라 나라와 민주주의, 사람 사는 세상을 찾고 지켜야 한다는 당신의 정치철학이 확고하시기 때문이다.

필자는 30년 새만금인생이라고 자부한다. 1977년 11월 11일 오후 9시 15분 이리역 폭발사고 현장에 있었다. 친구의 초청으로 익산에 저녁을 먹으러 갔다가 현장을 목격한 것이다. 그를 계기로 익산주재 기자 발령을 받고 근무를 하면서 이리시의 사고 수습이 거의 끝나갈 무렵 취재차 익산지방국토관리청을 찾았다. 청장실의 대형지도를 보고 평소 전북서해안 대단위간척사업의 필요성을 느껴온 터라 청장께 "국토확장과 식량안보차원에서 대단위간척사업을 하면 어떻겠느냐."고 제안했다.

이에 청장은 "사실은 일본인들이 한번 구상한 일이 있었다는 말을 들은 적이 있는데 실은 대단히 중요하고 필요한 사업"이라는 설명이다.

필자는 대단위간척사업으로 국토확장과 식량안보차원의 사업을 추진해야 한다는 필요성을 절감하고 기사를 쓰기 시작했다. 《범씨천년 도읍지 새만금 땅》 제목의 김철규 저서(2009, 정명.) 그 후 1991년 11월 28일 부안군 대항리에서 노태우 대통령을 비롯한 관계 장관과 주민 등이 참석한 가운데 성대한 착공식을 가졌다. 필자는 새만금사업을 하자는 기사를 쓴 기자였지만 착공식에는 전라북도의회 의장자격으로 도민을 대표하여 노 대통령과 함께 테이프커팅을 했다. 이것이 오늘날의 새만금사업이다.

한 가지 유감은 새만금사업의 역사를 정리하면서 한국농어촌공사에서 솔직하게 1971년~1986년 사이에 새만금사업예정지조사실시라는 표기는 잘못된 것으로 지금이라도 이를 전북일보에서 1978년 최초로 김철규 기자에 의해 익산 발 제안기사를 썼다는 기록을 첨가해야 한다. 필자는 결단코 주장한다. 오늘의 제방에 대한 해역을 결정

해야하는 시기에 당시 이홍래 사장의 초청으로 두 번이나 함께 돌아보고 오늘의 제방을 해역으로 최종 확정한 것이다.

### (3) 군산시장은 꿈으로만 …

새만금제방사업은 우여곡절 끝에 20년 만에 제방 완공과 더불어 내부개발계획에 착수했다. 필자는 새만금사업이 아니었으면 군산시장 출마를 결심하지 않았을 것이다. 전주권은 교육문화도시, 군산은 새만금과 함께 항만, 상공업, 항공등의 부존자원활용으로 세계로부터 주목받는 도시로 발전시킬 수 있다는 판단 아래 군산시장의 꿈을 꾸었던 것이다. 그러나 수많은 지지자들에게 고배의 실망만을 안겨주고 일선정치의 뒤안길로 접어들었다.

30여 년 동안 글을 써온 나로서는 문인으로서의 할 일은 문단생활을 통해 평소 정치현실에서 찾지 못한 일이나 정의로운 사회, 비겁함에 대해 가혹하리만큼의 시시비비를 가려 올바른 사고방식에 도움을 주고자 하는 역할의 필요성을 많이 가졌다. 지방 일간신문과 지역 주간신문 등에 고정칼럼을 써오면서 수필, 칼럼, 시, 시조 등 본격적인 문단생활을 통해 발표하기도 했다. 1986년 처음 발행한 기자수첩 《아니다, 모두는 그렇지만은 않다》를 비롯 33년여 동안 수필 10권, 시집 2권 등 12권의 책을 발행했다. 이번에 출간하는 책은 에세이집으로 수필, 칼럼, 시, 여행기 등 다양한 내용을 담아 발행키로 한 것이다.

80평생 인생여정에서 청춘의 30여 년은 언론에 바치고 장년 20여 년은 정치에 바치고 노년에 접어들면서는 문단생활에 바치는 결과였다. 그러나 글쓰는 작업은 40대부터 해온 터라 정확히는 금년으로 33년이 되는 셈이다. 결코 짧은 세월은 아니라고 생각한다. 다만 독자들의 무서운 평가가 두려울 뿐이다. 그래도 가장 힘들었을 때는 정치여정이 아닌가 싶다. 현실정치의 야비함과 돈이 아니면 신의는 물거품이고 제아무리 굳은 약속도 밤사이에 뒤집히고 때로는 협잡만이 통하는 사회가 정치사회 아닌가 하는 서글픈 생각이다.

본의 아니게 군산문인협회 회장을 맡아 4년(연임)을 운영해왔다. 제도권문단생활의 단면에서 너무도 큰 실망을 경험하기도 했다. 파산 직전의 군산문협을 살려야 한다기에 고심 끝에 군산발전을 위해 문화예술분야에서라도 도움이 된다면 괜찮겠지 하는 판단으로 추대되어 2년 동안 회보 발간을 비롯한 중국과의 자매결연 등 열심히 노력을 아끼지 않았다.

그러나 연임과정에서 두 사람의 회원이 회장 자리, 또는 문학상 시비, 회계부정 운운하면서 한국문협을 포함한 사직당국에 진정을 하는 등 온갖 추태를 다 부리는 양태를 보이기도 했다. 거기에 군산의 어느 M주간신문은 일방적인 기사와 광고까지 게재해주는 등 언론의 정도를 벗어나 지극히 편파적 취급을 했다. 그러나 모두는 무혐의로 끝났으며 대다수 회원들은 총회에서 이들 두 회원에 대해 영구제명했다. 최고의 지성을 앞세우는 문인 단체인 문협의 이러한 모습은 부끄러운 일이 아닐 수 없다. 문인생활에 가장 마음 아픈 일로 기록된다.

이제는 80고개를 넘어가는 인생여정으로 그러함은 모두 접어버리고 오직 독자들로 하여금 감동받는 작품 창작에 전념하는 나 자신의 본래 모습에 돌아갈 것이다. 독자들이 바라는 작품은 영원하기 때문이다.

# 청암문학상青巖 文學賞 제정

## 취 지 문

자신의 존엄적 가치는 자신의 발자취라고 생각합니다. 굳이 발자취를 남겨야 하는 가 하는 물음은 누구에게도 있기 마련입니다. 그러나 자신의 역사이지만 후대들에게 본보기의 좌표요 교훈의 차원에서 본다면 역사는 흔적을 남기는 일이 아닌가 싶습니다.

필자는 언론, 정치, 문학 등 세 장르에 몸 바쳐 평생을 살아오면서 인생의 질곡을 체험했습니다. 마지막에 나의 사상과 이념, 인생철학, 가치관을 문학에 담아 사회와 나라에 갈증을 덜어주는 한 모금의 물이 되는 데 혼신의 노력을 아끼지 않으리라는 각오를 다졌습니다. 이 역할의 하나가 '청암문학상' 제정이라고 봅니다. 군산은 1백15년의 문학사를 지니고 있으면서 몇 개의 동아리 문학모임은 있으나 문학상은 없습니다. 부족한 점이 많은 줄 알지만 제 인생이 남겨야 할 가장 소중한 가치가 아닌가 하여 2018년 10월에 문학의 권위를 지니신 작가 몇 분을 모시고 출범을 하여 지난해 제1회 수상자를 배출했습니다.

군산에 '청암문학상'은 어떤 의미 부여가 되었는지를 독자들에게 알리고자 하여 다음과 같은 취지문 전문을 수록합니다.

나는 문학의 철학과 사상이 인간에게 주는 위대함을 실천하기위해 〈청암 문학상〉을 제정합니다.

즉 문학의 본질은 '마음의 진실, 꿰뚫는 시대정신, 인류공헌에 이바지하는 정신이 담겨 있어야 한다'고 봅니다. 이를 실천하기 위해 남은 생은 물론, 나의 문학정신을 후대에 전하고자 합니다.

나는 전라북도 군산시 옥도면 야미도리(일명 밤섬)에서 1940년9월 26일(음력)에 부친 김동순金東順과 모친 임정환林貞煥 사이에 4남 2녀 중 장남으로 태어났습니다.

군산중앙고등학교, 경희대학교(법률학과), 서울대학교 행정대학원(국가정책과정)을 수료하고 1968년 전북일보 기자로 입사하여 1990년 말에 퇴사함과 동시, 30년 만에 지방자치제 부활로 1991년 6월에 실시한 전라북도 의회 의원에 입후보하여 당선과 동시 의장에 선출되면서 본격적으로 지방정치에 진출했습니다.

언론인 생활 30년(전북일보 23년/군산신문/군산뉴스 6년/현재 새군산신문 회장), 정치인 20년, 문인 33년(1986년-현재) 동안 사회의 세 장르에서 평생을 보내며 사회적 경륜을 쌓았습니다.

언론, 정치, 문인의 장르를 넘나들으면서 1986년에 첫 작품 《아니다, 모두가 그렇지만은 않다》는 기자수첩을 발행하면서부터 본격적인 문인생활을 겸하면서 그동안 수필, 칼럼 등 10권과 시집 《바람처럼 살다가》 〈내 영혼의 밤섬〉을 발간, 33년 동안 모두 11권의 책을 세상에 내놓았습니다.

언론인으로서 사회정의와 소금역할에 최선을 다해 오면서 가장 손꼽을 수 있는 일은 전북일보 재직당시인 1978년 우리나라 최초로 오늘의 〈새만금사업〉을 국토확장, 식량안보차원에서 대단위 간척사업을 주장하는 기사를 쓰기 시작, 사회적 공론화에 전력한 결과 이 사업이 국책사업으로 반영돼 천지개벽을 이루는 '새만금사업'으로 발전, 대대적으로 진행되고 있으며 언론인 생활의 최대 업적이라고 나는 자부하고 있습니다.

정치생활에서는 30년 만에 지방자치제가 부활됨에 따라 의회운영의 미비점이 너무 많았으나 단기간에 행정우선주의에서 주민우선주의로 행정체계의 틀을 바꾸어 놓았고 지방자치제의 골격유지와 주민의견수립을 반영하는 조례제·개정 등 지방의회 '의원상 정립'에 최선의 열정을 쏟았다고 생각합니다.

동분서주하는 언론인 생활, 정치인 활동을 하면서도 문인생활을 거르지 않았으며 2015년부터 2018년까지 4년(연임) 동안은 군산문인협회 회장을 맡아 군산에 새로운 문학바람을 일으키면서 '군산문학을 세계로'라는 캐치프레이즈를 내걸고 정진했습니다.

세 장르의 인생역정을 묻어두기엔 너무 안타까워 '문인생활로 여생을 마감한다'는 신념 아래 한 톨의 씨알이 되도록 하기 위해 감히 '청암문학상'을 제정키로 한 것입니다.

'청암문학상'은 본인의 생애 마감 후에도 제 후대에서 영구히 영예로운 문학상으로 남게 할 것입니다.

나의 아호雅號인 청암靑巖은 '세찬 폭풍우에도 씻겨나가지 않는 차돌 같은 바위에 푸른 하늘의 이끼가 세세연년 기리는 뜻'으로 받아들여 본인의 의지와 정신 아래 사용한 것입니다.

한 가지 덧붙여 의장 당시인 1991년 11월 전북도의회 의장 자격으로 새만금기공식에 참석, 테이프 커팅을 할 때와 오늘의 새만금사업을 보는 감회는 이루 말할 수 없는 소회를 갖고 있으며 건설현장을 보면 감격의 눈을 쉽게 떼지 못합니다.

특히 2009년 발간한 《범씨 천년 도읍지, 새만금 땅》의 책에 자작시인 서시 〈새만금의 땅〉을 발표한 것은 유년시질에 꿈꾸었던 섬의 육지화, 새만금의 미래 지향적인 내용이 담겨있어 더욱 의미부여가 되어 있어 언젠가는 그 작품으로 기념시비를 세우고자 합니다. 이러한 일련은 저로 하여금 문학상을 제정하는 요인들 중 하나입니다.

이와 함께 제 아우인 (유)내 고향 시푸드(계곡가든) 김철호 사장이 후원을 맡겠다는 의지를 보여 더욱 힘찬 발걸음을 내딛고 있습니다.

군산에서는 현재 115년의 문학사를 지니고 있지만 개인의 문학상 제정은 처음으로 군산에 새로운 문학의 지평을 펼칠것으로 기대합니다. 깎이지 않을 튼튼한 바위에 푸른 이끼가 영구히 싱싱한 모습을 보일 것으로 생각됩니다.

'청암문학상'은 군산 출신이나 군산에 3년 이상 거주자를 수상 대상자로 하며 2018년부터 시행, 매년 1명씩 상금 1백만 원과 상패를 수여하며 오는 2021년부터는 전라북도로 확대하여 수상자를 선정합니다. 감사합니다.

(단: 관련규정사항은 운영위원회 운영규정에 둔다.)

2018. 10. 12

청암문학상 운영위원회

제정자 김 철 규

위원장 공 종 구 (문학박사 군산대학교 전 인문대학장)

위원 진 동 규 (시인 · 한국문인협회 전 부이사장)

위원 조 미 애 (시인 · 전북시인협회 회장)

위원 김 정 수 (시인 · 군산문인협회 수석부회장)

위원 김 철 호 (이학박사 · 내 고향 시푸드 대표)

위원(총무) 김 성 권 (정보통신산업진흥원 수석)

# 김철규 걸어온 길

- 雅號: 청암青巖
- 성명: 김철규金喆圭　kim cheul kyu
- 하는일: 언론인. 칼럼니스트. 수필가. 시인.
- 주소: 전북 군산시 대학로 114-1 삼성아파트 6/902
- 전화: H 010-3659-5885　063-463-7719
- e-mail: kc2ck@naver.com(kc2ck@naver.com)
- 생년월일: 1940.
- 출생지: 군산시 옥도면 야미도리
- 군산중앙고등학교
- 경희대학교 법학과
- 전북대학교 경영대학원 수료
- 원광대학교 경영행정대학원 수료
- 군산대학교 경영행정대학원 수료
- 서울대학교 행정대학원 국가정책과정 수료

- 1968-1990 전북일보 사회부장./편집부국장/논설위원
- 1981-1982 한국기자협회 비상대책위원회 5인 공동대표
- 1983-1985 한국기자협회 부회장
- 1989-현재 군산정책연구회 설립.(2009.3 비영리법인단체 등록)
- 1990-1992 민주연합청년동지회 전북지부 회장
- 1991-1993 제4대 전라북도 의회 의장/문교사회위원회 위원
- 1991-1993 민주평화통일 자문위원/운영위원(임명권자:대통령)
- 1991-1992 사)동학농민혁명 백주년기념사업회 초대 이사장/회장
- 1991-1996 군산중앙고등학교 총동창회장
- 1989-2016 가락(김해김씨/허씨/인천이씨)군산시종친회장/전북도 종친회 부회장/중앙종친회이사
- 1995-1997 민주개혁 국민연합 군산시지부 상임대표
- 2003-2006 금융결제원 상임감사
- 2006-2009 군산신문 대표이사 사장/부회장
- 2012-2014 군산뉴스 대표이사 사장
- 2017-2019 민주평화통일 자문회의 자문위원
- 2018 .6. 26-2019. 6. 30 새군산신문(주) 회장

## 정당 활동

- 1989-2018
- 평민당/신민당/민주당 중앙당 정책위원/옥구지구당 부위원장

- 민주당 전라북도 지부 부위원장
- 새정치 국민회의 중앙당 농수산특위 부위원장
- 새정치 국민회의 중앙당 윤리위원회 부위원장
- 새정치 국민회의 군산시 을지구당 고문
- 새정치 국민회의 중앙당 지방자치위원회 부위원장
- 김대중 대통령후보 추대위 정책위원
- 제15대 대통령선거 새정치국민회의 김대중후보 중앙당 유세위원회 부위원장
- 새정치 국민회의 중앙당 농어민 대책위 부위원장
- 새정치 국민회의 개혁위원
- 국민정치 연구회 상임이사
- 새천년 민주당 창당준비위원
- 새천년 민주당 군산시지구당 개편대회 준비위원회 공동의장
- 새천년 민주당 중앙당 농어민 대책위 부위원장
- 새천년 민주당 군산시지구당 고문
- 2001. 4. 26 새천년 민주당 공천 군산시장 출마
- 노무현 대통령 후보 중앙선대위 유세연수본부 부위원장
- 2009. 민주당 최고지도자 과정 졸업
- 2010. 3. 민선5기 군산시장 후보 불출마선언 선출직 은퇴
- 2016. 3. 더불어 민주당 군산지역 비상대책위원회 위원장
- 2016. 3. 더불어 민주당 국회의원 군산후보선대위 위원장
- 2016. 9. 더불어 민주당 전라북도 지부 상임고문

• 2017. 2. 더불어 새로 함께 전북본부 상임의장

• 2017. 4. 더불어 민주당 대통령 선거 중앙조직본부 행복시대 전북본부 상임의장/전북도공동선거대책위원장/군산시 선거대책위원회 공동선대위원장

• 2017. 5. 더불어 민주당 군산지역위원회 당원협의회 회장

• 2017.6.사)21세기정책정보연구원/더희망포럼고문/전북본부 상임 의장

• 2018.7.24 더불어민주당 군산지역위원회 정기대의원대회 중앙대의원선출

• 2018.8.4 더불어민주당 전북도당 정기대의원대회 의장

## 논 문

• 1990. 〈해안권을 중심한 통일 한국과 전북의 미래〉: 군옥지역 개발에 따르는 대 토론회 발표

• 1994. 〈통일 한국과 전북의 발전방향〉 민주당 정책토론회 발표

• 2005. 〈새만금 개발 전략에 관한 연구〉 서울대 행정대학원 제출

## 저 서

• 1986.〈아니다, 모두가 그렇지만은 않다〉 친우출판사(서울)

• 1989. 〈평민은 언제나 잠들지 않는다〉 친우출판사 (서울)

• 1993. 〈흐르는 강물을 누가 막겠는가〉 영학출판사(서울)

• 2002. 〈약속의 땅, 황해시대〉 신아출판사(전주)

- 2008. 〈범씨 천년 도읍지 새만금 땅〉 ㈜정명(군산)
- 2011. 〈바람에 묻어난 풀빛 같은〉 수필과 비평(서울)
- 2013. 〈구름이 짓는 흔적〉 신아출판사(전주)
- 2014. 〈바람속의 역사〉 신아출판사(전주)
- 2016. 〈인　연〉 수필과 비평(서울)
- 2018. 5.30 제1시집〈바람처럼 살다가〉(사)한국문인협회출판부
- 2019. 9.30 제2시집 〈내 영혼의 밤섬〉(서울문학 출판부)
- 2019. 9.30 에세이집〈봄날은 가고 오네〉(수필과비평사)

## 문인활동

- 1986-(현)전북문인협회 회원/이사
- 2011.12 통권 57호 표현문학 수필부문 신인상
- 2013-(현)사)한국문인협회 회원/지회.지부협력위원
- 2013-(현) 국제pen 한국본부 회원
- 2013-2014 군산문학상 운영위원장
- 2014-(현) 전북불교문학회 회원
- 2014-(현) 사)한국수필가 협회 운영이사
- 2014-(현) 석조문학회 고문
- 2014-(현) 전북수필문학회 운영위원/ 자문위원
- 2015-2018 사)한국문인협회 군산지부 회장(군산문인협회)
- 2015-2017 전북 시. 군 문인협회 회장 협의회 의장
- 2016-(현) 채만식 문학상 운영위원

- 2016-(현)신무군산문학상 운영위원장
- 2017-제38호 서울문학 시 부문 신인상
- 2017-(현)백두산 문학회 회원
- 2018-(현)전북시인협회 회원
- 2018-봄호 착각의 시학 시조부문 신인상
- 2018-(현)한국예술인복지재단 원로회원
- 2018-(현)한국자유문학 회원
- 2019-(현)한국작가연대 회원
- 2019-(현)표현문학 자문위원

## 수 상

- 1982. 〈문화상〉 전라북도
- 1983. 〈법무부 장관상〉 법무부
- 1985. 〈재무부 장관상〉 재무부
- 2016. 〈제35회 한국수필문학상〉 한국수필가 협회
- 2018. 〈세종문학상〉문학신문사
- 2018. 〈전북수필문학상〉전북수필가협회
- 2018. 사)한국문인협회 공로패

## 문학상 제정

- 2018.11.23. 제1회 청암문학상 시상(수상자 군산 김정수 시인)
- 2019.10.19. 제2회 청암문학상 시상(수상자 군산 소영자 수필가, 이양근 시인)

우담바라꽃 보시고 좋은일 많으시길…

몇 천년만에 핀다는우담바라

김철규 에세이집

# 봄날은 가고 오네

인 쇄 2019년 9월 25일
발 행 2019년 9월 30일

**지은이** 김철규
**발행인** 서정환
**펴낸곳** 수필과비평사
**주 소** 서울시 종로구 삼일대로 32길 36, 301호(운현신화타워 빌딩)
**전 화** (02)3675-5635, (063)275-4000 **팩스** (063)274-3131
**이메일** essay321@hanmail.net, sina321@hanmail.net
**출판등록** 제300-2013-133호
**인쇄·제본** 신아출판사

저작권자 ⓒ 2019, 김철규
이 책의 저작권은 저자에게 있습니다. 서면에 의한 저자의 허락없이 내용의 일부를 인용하거나 발췌하는 것을 금합니다.
COPYRIGHT ⓒ 2019, by Kim Chulkyu
All right reserved including the rights of reproduction in whole or in part in any form.
저자와 협의, 인지는 생략합니다.
잘못된 책은 바꿔 드립니다.

ISBN 979-11-5933-240-1 03810

값 13,000원

이 도서의 국립중앙도서관 출판예정도서목록(CIP)은 서지정보유통지원시스템 홈페이지(http://seoji.nl.go.kr)와 국가자료공동목록시스템(http://www.nl.go.kr/kolisnet)에서 이용하실 수 있습니다. (CIP제어번호: CIP2019036246)

Printed in KOREA